岡山・倉敷

上等な和食

Word inc. 著

メイツ出版

地元の和食店をめぐることが本当に楽しい…そう感じている人が岡山県には多いのではないでしょうか。豊かな自然に恵まれ、地の食材はどれをとっても一級品ばかり。店も多様にあり、さまざまな料理を提供してくれます。そこで本書では、岡山の和食めぐりのお供に最適な一冊を目指してこだわりの店だけを収録しました。ぜひ手にとってあなたのお気に入りの店を見つけてください。

「岡山 上等な和食」編集部

岡山市中心

祥雲(P.84)
岡山東税務署
岡山県立美術館
津山(P.28)
城下
ホテルエクセル岡山
後楽園
荒手茶寮(P.20)
岡山シンフォニービル
岡山市民会館
岡山城
吉晶(P.44)
林原美術館
日本銀行
旭川
桜川(P.14)
県庁通
岡山ロッツ
中国銀行本店
岡山県立図書館
岡山天満屋
岡山県庁
和楽(P.24)
250
司(P.80)
さかぐち(P.64)
西大寺町
あおい(P.92)
ままかり(P.16)
佐とう(P.88)
車すし(P.90)
小橋
中納言
東山
250

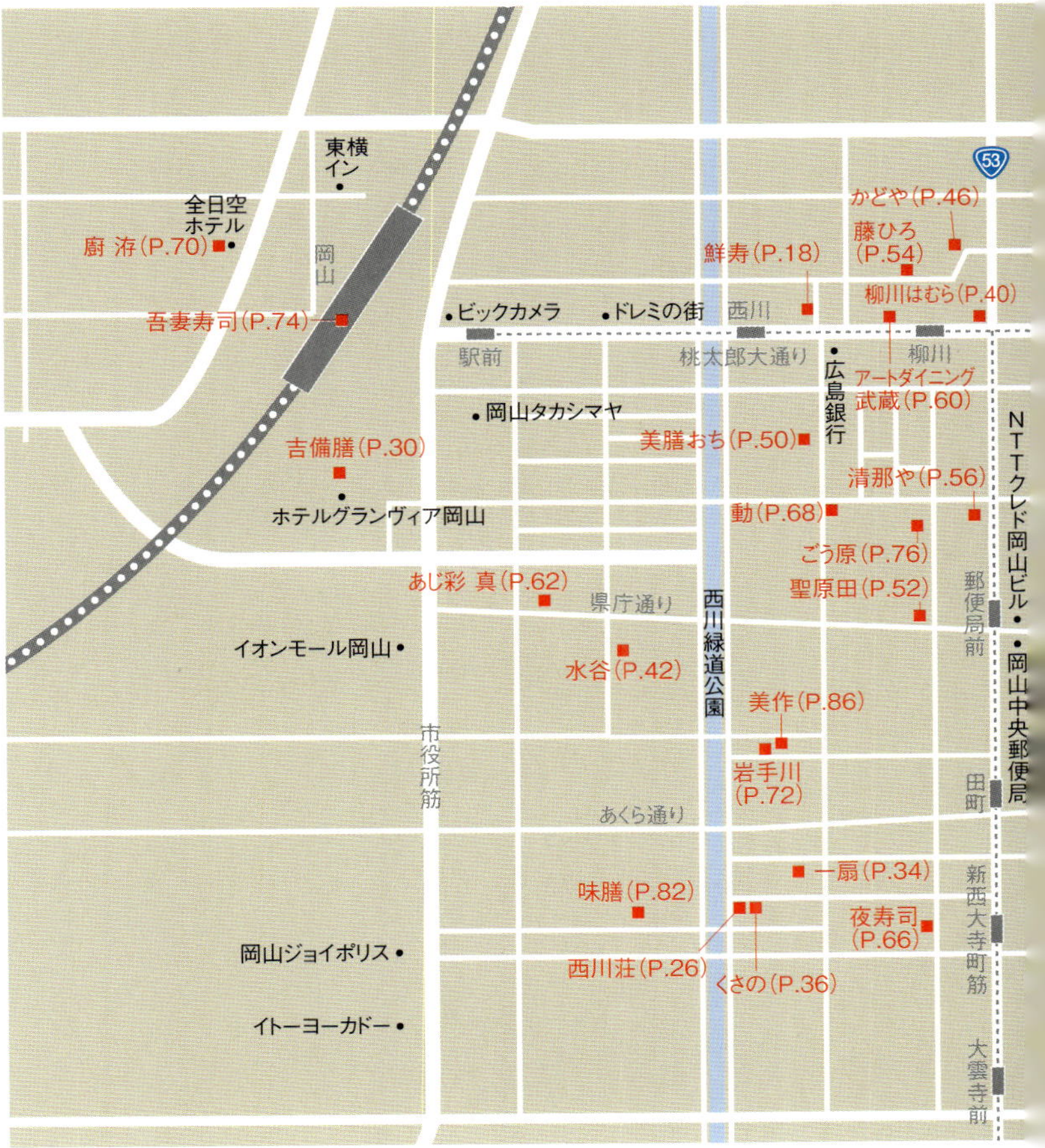
東横
イン
全日空
ホテル
廚 洊(P.70)
岡山
吾妻寿司(P.74)
ビックカメラ
ドレミの街
西川
鮮寿(P.18)
53
かどや(P.46)
藤ひろ
(P.54)
柳川はむら(P.40)
駅前
桃太郎大通り
広島銀行
柳川
アートダイニング
武蔵(P.60)
岡山タカシマヤ
美膳おち(P.50)
吉備膳(P.30)
ホテルグランヴィア岡山
清那や(P.56)
動(P.68)
ごう原(P.76)
聖原田(P.52)
NTTクレド岡山ビル
岡山中央郵便局
郵便局前
あじ彩 真(P.62)
県庁通り
西川緑道公園
イオンモール岡山
水谷(P.42)
美作(P.86)
市役所筋
岩手川
(P.72)
あくら通り
田町
一扇(P.34)
味膳(P.82)
夜寿司
(P.66)
新西大寺町筋
岡山ジョイポリス
西川荘(P.26)
くさの(P.36)
イトーヨーカドー
大雲寺前

岡山市中心

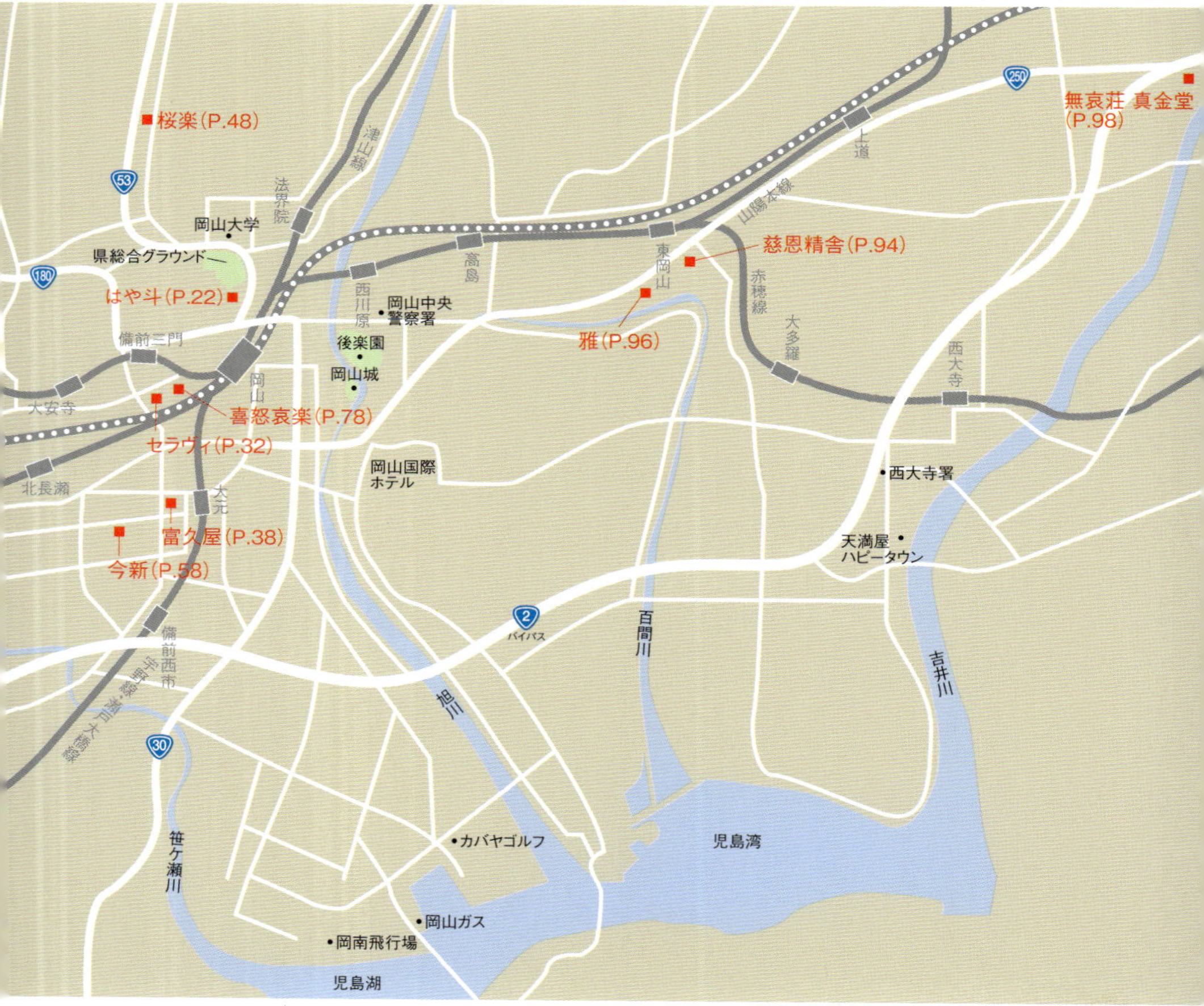

桜楽(P.48)
53
法界院
津山線
岡山大学
県総合グラウンド
180
はや斗(P.22)
備前三門
大安寺
喜怒哀楽(P.78)
セラヴィ(P.32)
北長瀬
大元
富久屋(P.38)
今新(P.58)
備前西市
宇野線・瀬戸大橋線
30
笹ケ瀬川
岡山
西川原
岡山中央警察署
後楽園
岡山城
高島
岡山国際ホテル
東岡山
雅(P.96)
慈恩精舎(P.94)
山陽本線
上道
250
無哀荘 真金堂(P.98)
赤穂線
大多羅
西大寺
西大寺署
天満屋ハピータウン
2
バイパス
百間川
吉井川
旭川
カバヤゴルフ
児島湾
岡山ガス
岡南飛行場
児島湖

倉敷市中心

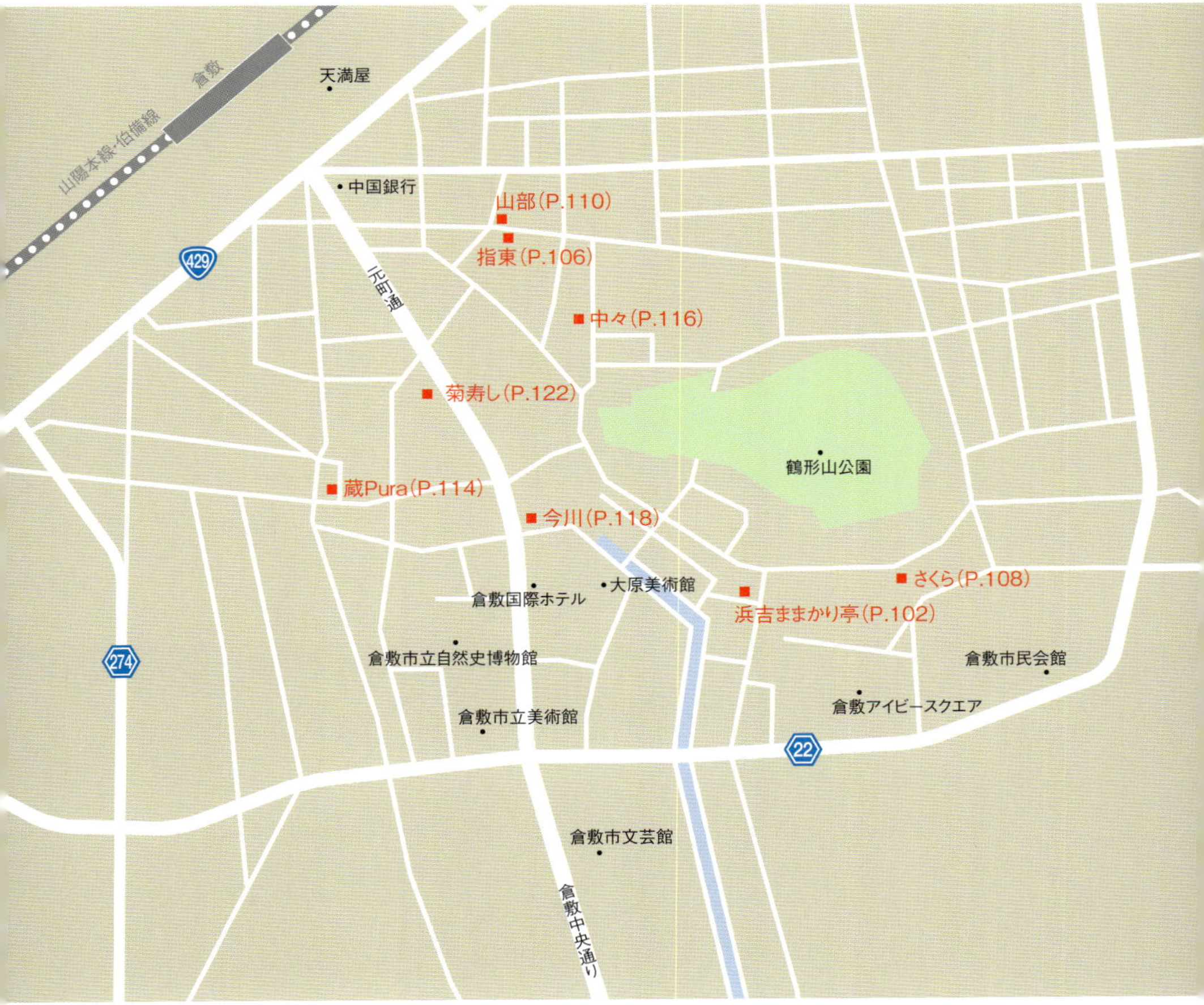
倉敷
山陽本線・伯備線
天満屋
中国銀行
429
元町通
山部(P.110)
指東(P.106)
中々(P.116)
菊寿し(P.122)
鶴形山公園
蔵Pura(P.114)
今川(P.118)
大原美術館
倉敷国際ホテル
さくら(P.108)
浜吉ままかり亭(P.102)
274
倉敷市立自然史博物館
倉敷市民会館
倉敷アイビースクエア
倉敷市立美術館
22
倉敷市文芸館
倉敷中央通り

倉敷市郊外

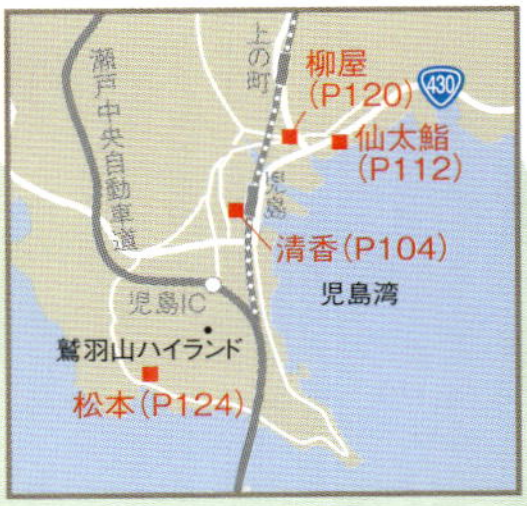
瀬戸中央自動車道
上の町
柳屋(P120)
430
仙太鮨(P112)
児島
清香(P104)
児島湾
児島IC
鷲羽山ハイランド
松本(P124)

本書の使い方

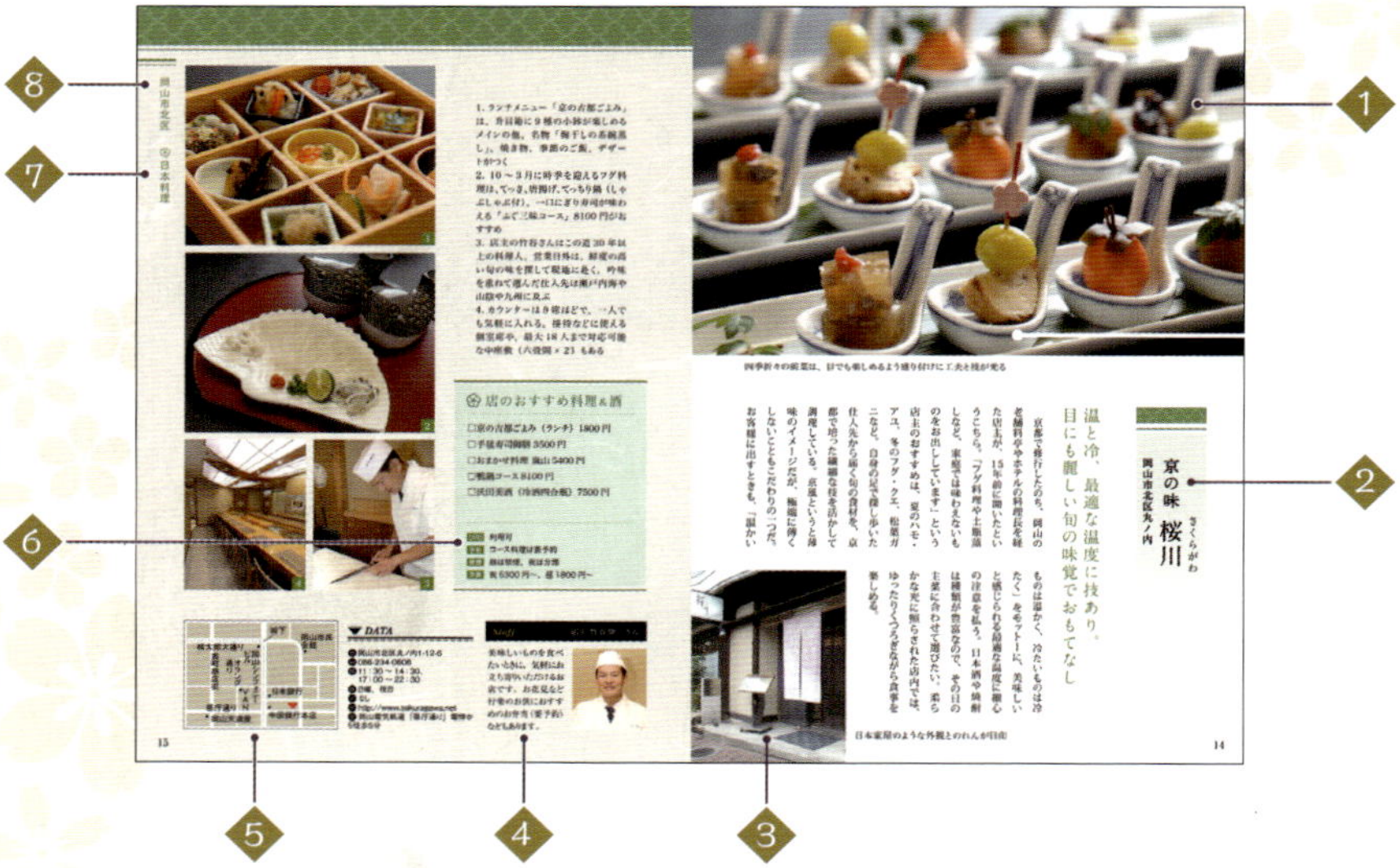

1 メイン写真

お店の方イチオシのメニュー写真です。

2 店名

取材にご協力していただいたお店の名称です。

3 外観

実際にお店に行き、外観の様子を写しています。
お店選びの参考にしてください。

4 料理長・店主の方のメッセージ

料理長・店主・スタッフの方のメッセージと写真です。

5 アクセスマップ

お店の場所を示す地図です。
近道や目印を簡略化してあります。

6 おすすめメニュー・詳細情報

おすすめのメニュー・酒を紹介。その他、クレジットカード利用、予約の可否、禁煙・喫煙、平均的な予算などの情報を記載しています。

7 ジャンル

日本料理・そば・寿司・和食・鉄板料理

8 エリア

岡山・倉敷のエリア別表記です。

注意事項	□本書に記載してある情報は、2014年12月現在のものです。　□価格は税込み(8%)表記です。税率の変動によって価格が変わる場合があります。 □お店の移転、休業、閉店、または料金、営業時間、定休日など情報に変更がある場合もありますので、事前にお店へご確認のうえおでかけください。

本書で紹介されている料理には、岡山を代表する食材を使用したものが多数掲載されています。それらは魚介、野菜、肉にいたるまで豊かな気候風土が育んだ、この地域独自のものです。

店が提供する美しい料理や高度なサービスとともにこれらの食材に目を向けていただくことも、さらに本書を楽しんでいただくポイントとなるかも知れません。

column1

山の幸、海の幸がひと皿で楽しめる、岡山の代表的な名物寿司「ばら寿司」とは？

◆その起源は江戸時代

江戸時代、当時の備前岡山藩主であった池田光政候が「食材は一汁一菜にせよ」と家中や国の人々に質素倹約を命じました。しかし庶民においては、祭りの日などの特別な日にごちそうを出さないわけにはいきません。そこで藩主の命を守りながらも、魚や野菜を混ぜ込んだ寿司飯を汁物と合わせて一汁一菜としたのです。今では具材も大きくなり、品目数もたくさん盛り込まれるようになりましたが、岡山名物「ばら寿司」は江戸時代の庶民の知恵と工夫から生まれ、今も地域に根付いた料理として親しまれています。

岡山では多様な魚介類が楽しめる。写真はイメージ

◆ばら寿司の食材

ばら寿司の食材は地域によって様々ですが、基本的には魚や野菜、果物まで地元岡山の特産物をふんだんに使用しています。代表的なのはサワラ、ままかり、黄ニラなどで、一つひとつ味付けをした具材を酢飯に飾り立てていきます。見た目も華やかなばら寿司は岡山を代表する料理として知られ観光客にも人気があります。

岡山　上等な和食

四季折々の前菜は、目でも楽しめるよう盛り付けに工夫と技が光る

京の味 桜川《さくらがわ》

岡山市北区丸ノ内

温と冷、最適な温度に技あり。目にも麗しい旬の味覚でおもてなし

京都で修行したのち、岡山の老舗料亭やホテルの料理長を経た店主が、15年前に開いたというこちら。「フグ料理や土瓶蒸しなど、家庭では味わえないものをお出ししています」という店主のおすすめは、夏のハモ・アユ、冬のフグ・クエ、松葉ガニなど。自身の足で探し歩いた仕入先から届く旬の食材を、京都で培った繊細な技を活かして調理している。京風というと薄味のイメージだが、極端に薄くしないこともこだわりの一つだ。お客様に出すときも、「温かいものは温かく、冷たいものは冷たく」をモットーに、美味しいと感じられる最適な温度に細心の注意を払う。日本酒や焼酎は種類が豊富なので、その日の主菜に合わせて選びたい。柔らかな光に照らされた店内では、ゆったりくつろぎながら食事を楽しめる。

日本家屋のような外観とのれんが目印

1

2

4

3

1. ランチメニュー「京の古都ごよみ」は、升目箱に９種の小鉢が楽しめるメインの他、名物「梅干しの茶碗蒸し」、天ぷら、季節のご飯、デザートがつく
2. 10～３月に時季を迎えるフグ料理は、てっさ、唐揚げ、てっちり鍋（しゃぶしゃぶ付）、一口にぎり寿司が味わえる「ふぐ三昧コース」8100円がおすすめ
3. 店主の竹谷さんはこの道30年以上の料理人。営業日外は、鮮度の高い旬の味を探して現地に赴く。吟味を重ねて選んだ仕入先は瀬戸内海や山陰や九州に及ぶ
4. カウンターは９席ほどで、一人でも気軽に入れる。接待などに使える個室席や、最大18人まで対応可能な中座敷（六畳間×２）もある

店のおすすめ料理＆酒

- □京の古都ごよみ（ランチ）1800円
- □昼の手毬寿司御膳 3500円
- □昼のミニ懐石 2300円～
- □夜のおまかせ料理 嵐山 5400円
- □ふぐ三昧コース 8100円（要予約）
- □男山（冷酒四合瓶）6000円

CARD 利用可
予約 コース料理は要予約
喫煙 昼は禁煙、夜は分煙
予算 夜 5300円～、昼 1800円～

DATA

住 岡山市北区丸ノ内1-12-6
tel 086-234-0606
時 11：30～14：30、17：00～22：30
休 日曜、祝日
P なし
HP http://www.sakuragawa.net
交 岡山電気軌道「県庁通り」電停から徒歩5分

Staff 店主 竹谷伸一さん

美味しいものを食べたいときに、気軽にお立ち寄りいただけるお店です。お花見など行楽のお供におすすめのお弁当（要予約）などもあります。

岡山を代表する「ままかり」を筆頭に、瀬戸内の天然魚や契約農家から取り寄せた有機野菜などを使った料理が並ぶ

割烹 ままかり

岡山市北区表町

岡山の郷土料理「ままかり」を熟練の技とセンスでぜいたくにいただく

岡山名物目当てに、県外からも客がやってくるというままかり。そのあまりのおいしさに、隣の家からママ（飯）を借りて食べたことが由来だといわれる。なぜ岡山近海のままかりは一味違うのか。その質問に答えてくれたのは、昭和44年創業ままかり料理の老舗「ままかり」の店主、北さん。「岡山には吉井川、旭川、高梁川の一級河川が3本あります。この自然の滋養を豊富に含んだ清流が瀬戸内海へと注ぐことで、ままかりの味が、さらにおいしくなるんです」。北さんの店では、ままかりの酢漬、南蛮漬が楽しめ、熟練の技によって生み出される素材本来のうま味を生かした繊細な味付けに感動を覚える。ほかに、瀬戸内の天然魚と季節の野菜を吟味した料理などがある。選りすぐりの逸品と至福の時を味わいたい。

年配客が利用しやすいよう個室には椅子席も

1

2

4

3

1. ままかり三種。店の名前にもなっている、ままかりは特別な逸品。「本漬」「棒漬」「南蛮漬」を食べ比べて、岡山の郷土料理を堪能したい
2. 季節の味が彩る八寸。この日の八寸は、番茶にさっとくぐらせた茶振ナマコ、水晶銀杏、柿釜白和えほか。優美な石目が美しい万成石の器でもてなしの心を表現
3. カウンターは 12 席あり、落ち着いた照明が心地よい。奥の壁には、その土地でその季節にとれたものを食べるのが健康によいという考え方の「身土不二」の額が掛かる
4. おすましの仕立て。北海道利尻産の昆布と、熟成された九州産本枯れ節から取った最高級のだしを使う椀。瀬戸内で穫れた太刀魚のほうれん草巻きが上品に入る

店のおすすめ料理&酒

- □鶴見（昼の膳）2160 円
- □ままかり昼膳（昼の膳）4320 円
- □晴れの国 岡山膳 魚島コース（夜の膳）8640 円～ 1 万 2960 円
- □会席（夜の膳）5400 円～ 1 万 800 円
- □千寿 純米（一合）648 円

CARD 利用可
予約 前日までに要予約、空席あれば当日も可
喫煙 昼は一部喫煙、夜は喫煙
予算 夜 8500 円～、昼 2500 円

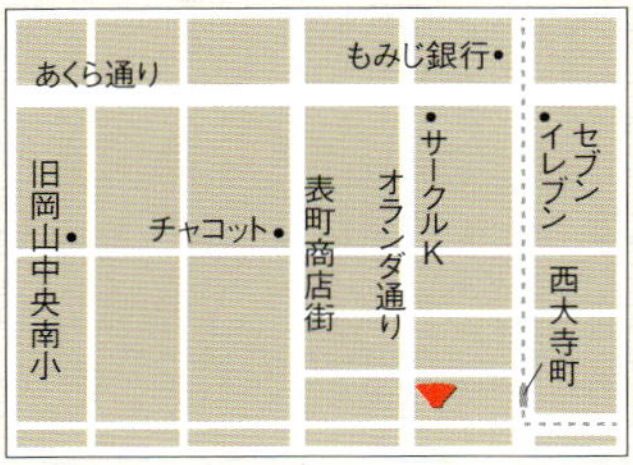

DATA

住 岡山市北区表町3-9-2
tel 086-232-1549
時 11：30 ～ LO13：30、17：00 ～ LO21：30
休 日曜、祝日（予約があれば営業）
P 契約駐車場あり
HP http://www3.ocn.ne.jp/~mamakari/
交 岡山電気軌道「西大寺町」電停から徒歩1分

Staff 店主 北 賢二さん

醤油・酢・味噌などの調味料には添加物を一切使用しておりません。お客様の心と体が喜ぶ、安心安全な料理を心掛けております。

アナゴやサワラなど、瀬戸内海産のものを中心に、季節ごとに選りすぐりのネタが出される。

活種 鮮寿《せんじゅ》

岡山市北区野田屋町

日本料理の新しい楽しみ方を提案 鮮度抜群の素材をサプライズで味わう

和食や寿司店、回転寿司店で修業を積んだ店主が、「型にはまらない和食を気軽に味わえる店」をコンセプトに、15年ほど前にオープンしたというこちら。昼は日替わりで内容が変わるランチメニュー一種のみ、夜は一皿370円の握り寿司がストップがかかるまで出される「おまかせにぎりコース」が名物だ。鮮度の高い素材を厳選し、それぞれの旬と最も美味しい食べ方を追求。例えば、サンマは生よりも皮付きであぶった方が良いなど、調理方法にもこだわっている。どんな客も、斬新なスタイルでサプライズを楽しめるのが鮮寿流。「新しい発見をしてもらえたら、それが何より」と語る店主は、さしずめ食のエンターテイナーといったところか。出される品々を一つずつ味わえば、和食の新境地を堪能できるはずだ。

正面玄関の右側にある３つの俵が目印

1

2

4

3

1. 味噌汁にもこだわっており、店主いわく「味噌汁というより味噌スープ」。利尻産の真昆布のうま味と甘みに、白味噌ベースのやさしい味わいがプラスされた逸品で、日替わりの具材が入る
2. カウンターは12席に4人がけのテーブル席が3つ用意されているほか、10人程度が集える座敷もある。季節の草花をしつらえたモダンな空間で、料理を堪能しよう
3. デザートに人気の鮮寿プリンはモカテイスト。独特のなめらかさで、ストローでいただくという変わり種
4. アルコールも日本酒からワインまで豊富にとりそろう。日本酒はユニークなスタイルで出される。柄杓で汲みながら、じっくり味わえると評判

店のおすすめ料理＆酒

□おまかせにぎりコース 370円（一皿）
□旬感コース　2400円
□いきだねコース 4700円
□本日のお味噌汁　370円
□グレイス甲州（白・辛口）3700円

CARD 利用可
予約 予約可(昼は6人以上で個室のみ予約可)
喫煙 禁煙
予算 夜2300円～、昼1600円～

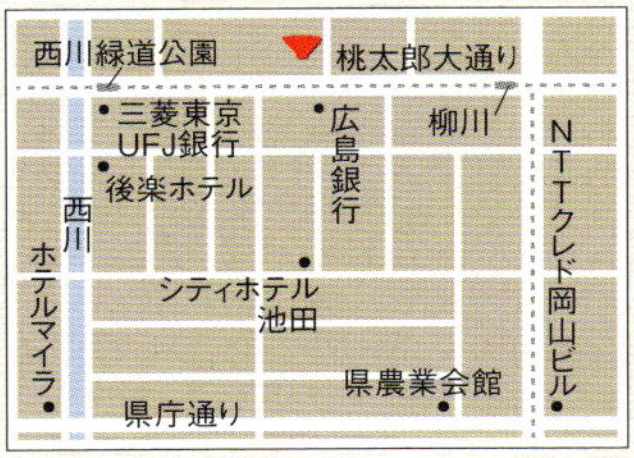

DATA

住 岡山市北区野田屋町1-6-15 瀬戸内ビル1階
tel 086-233-3110
時 11：00 ～ 15：00（14：00入店ストップ）、17：00 ～ 22：00（LO21：30、20：50入店ストップ）
休 年末年始　P なし
HP http://senju.enetde.com/
交 岡山駅東口から徒歩10分

Staff　店主 福瀬智広さん

一般的な「寿司店」だと思って来店されると驚かれるかも知れません。どのカテゴリーにも属さない独自のスタイルのおもてなしをご期待ください。

岡山県産を中心に、四季折々の選び抜かれた鮮魚を味わえる。器も料理ごとに異なり、拝見も楽しみの一つ

荒手茶寮《あらてさりょう》

岡山市北区後楽園

春は桜、秋は紅葉。日本料理の神髄を景色とともに味わえる

外国人ゲストにも喜ばれる外観

現料理長の祖父が宮内庁で大膳職を務めた後、縁あってこの地に当料亭を開いたのが昭和8（1933）年のこと。もともと旭川のほとりにあった『荒手屋敷』は岡山藩家老伊木家の屋敷で、茶人として名を馳せた当主の数寄を凝らした建物。移築と空襲の災禍を経て元のままに復元、現在まで数々の賓客のもてなしの場となってきた。伝統的な建築はもとより、美術品さながらのしつらえで来客を歓待してくれる。旭川の中州に位置しているため、土手沿いの桜や紅葉など、窓からの眺めも美しい。部屋を貸し切って食事ができるとあって、常連客も多いのだとか。料理にもこだわっており、「昔からの仕事と伝統を、いかに現代のお客様においしく召し上がっていただくか。それを念頭においた料理をお出ししています」と語る料理長。記念日や祝いの日は、こんなぜいたくもいいだろう。

3

2

1

1.酒類は和食に合う地酒をセレクトしている。「きんぼたる」（右）は、その名の通りほのかな黄金色の大吟醸酒で、冷酒でも燗でもいただける。「御前酒 馨」（左）も大吟醸酒で、香りとうま味のバランスが絶妙
2.秋口から脂がのってうま味を増すという瀬戸内海産のサワラを焼霜造りに。車えびとマグロの刺身を添えて
3.山陰産のズワイガニを、きのこと小松菜と合わせておひたしに。日本海のズワイガニは、晩秋から冬にかけて旬を迎える
4.窓から見えるのはカエデなど秋の紅葉が美しい木々。畳敷きだがテーブルと椅子を用意している。景色を見ながら料理を堪能できると評判の部屋は、こちらの他に西向きの六畳間も

4

店のおすすめ料理&酒

- □お昼のお弁当 3996円
- □点心 7290円
- □懐石料理（昼）9774円
- □懐石料理（夜）13500円
- □櫻室町（1合）756円

CARD 利用可
予約 前日までに要予約（2人以上）
喫煙 昼は禁煙、夜は分煙
予算 夜1万3500円～、昼3996円～

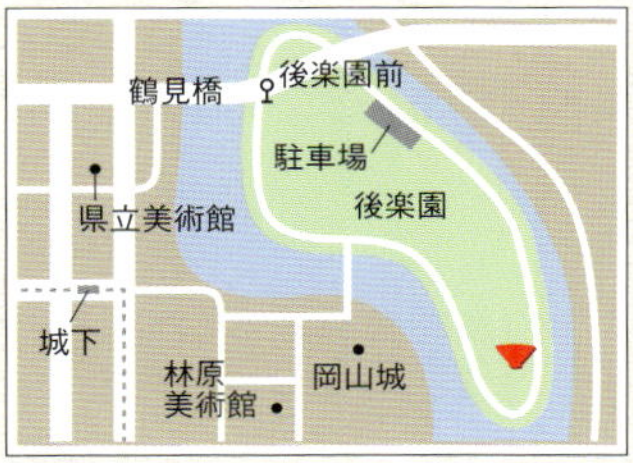

DATA

住 岡山市北区後楽園1-9
tel 086-272-3171
時 11：30～21：00
休 不定休
P あり（後楽園駐車場を利用のうえ、駐車チケット要持参）
HP http://homepage2.nifty.com/aratesaryo/
交「後楽園前」バス停から徒歩10分

Staff 店主 堀江一文さん

お昼は5～6品ほどのミニ懐石「点心」がおすすめです。お部屋を貸し切って、お食事を召し上がれますので、景色をめでながらおくつろぎください。

お造り、焚き合わせ、八寸、吸い物、茶わん蒸し、ご飯がつく「はや斗御膳」1650円

旬彩 はや斗《と》

岡山市北区絵図町

気さくな店主の人柄そのままの、くつろぎの空間でいただく本格的な和食

京都で7年、岡山で10年、料理人としての腕を磨いた店主が平成19（2007）年にオープンしたというこちら。本格的な日本料理を、ジャズが流れるモダンな空間で肩肘張らずに楽しめると評判だ。海の幸は、夏のハモや冬のサワラなど地ものを中心に取りそろえており、刺身は常に数種類を用意している。店主おすすめの一品「締めサバのあぶり」は、生サバを昆布で締めたもので、香ばしさがたまらないという。山の幸である野菜類は、岡山大学の学生たちが立ち上げたベンチャー企業から購入する露地物で、野菜の濃厚な味わいが楽しめると好評。一品料理も常時40品ほどあるほか、ホテルの宿泊客向けの「ご飯もの」も充実。家族の会食から友人同士のランチ会、一人飲みにも気軽に利用できる許容性の高さもこの店の魅力である。

岡山ロイヤルホテル一階にある

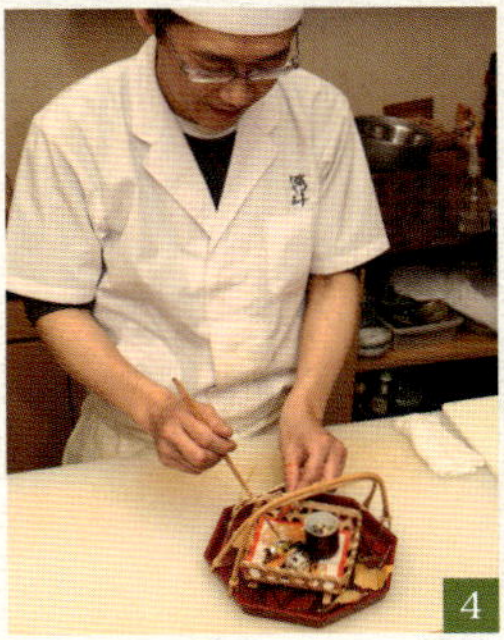

1. ハモの難波巻きやシラサエビの唐揚げ、サワラの西京焼、合鴨ロース煮など、旬の食材を活かした「しあわせます弁当」2600円は、2段で盛りだくさんの内容
2. 広々した店内ではゆっくりと食事の時間を過ごせる。ホテルのロビー側と、公道に面した側と2カ所に入口が設けられている。バリアフリーなので、車椅子でも来店しやすい
3. デザートには手作りのわらびもちを。抹茶を溶いたソースをかけて
4. 店主の逸見昌弘さんが一人で切り盛りしている。京都・岡山で培った技で、真心込めて一皿ずつ調理・盛り付け、四季を感じられるよう、見た目の美しさにもこだわっている

店のおすすめ料理&酒

□はや斗御膳（昼／月替わり）1650円
□しあわせます弁当（昼）2600円
□旬会席（夜）3800円
□彩会席（夜）5450円
□オリジナル焼酎（芋）「はや斗」
（ロック／グラス）900円

CARD 利用可
予約 当日も可（料理によって前日および2日前まで要予約）
喫煙 分煙
予算 夜3800円～、昼1650円～

DATA

住 岡山市北区絵図町2-4　岡山ロイヤルホテル1階
tel 086-255-0032
時 11:00～14:00、17:00～23:00（LO22：30）
休 日曜・祝日　※臨時休業有
P 80台
交 清心町バス亭からすぐ

Staff　店主 逸見昌弘さん

ジャズが流れるゆったりした空間で、日本料理をご堪能ください。ホテルご宿泊のお客様も多く来店されるので、夜も丼ものなどをご用意しています。

旬を散りばめ、目と舌で季節の訪れを感じさせてくれる前菜は、思わずため息がこぼれる芸術的な仕上がり

日本料理　和楽《わらく》

岡山市北区表町

日本の伝統と四季の恵みを散りばめた見目麗しき日本料理を五感で食す

表町商店街から少し離れた場所で、ひときわ存在感を放つ凛としたたたずまい。扉の向こうには坪庭を配した清楚でモダンな和空間が広がり、心地よい非日常へと誘ってくれる。ここでいただけるのは、卓越した職人の技と美的センスで山海の旬を束ねた料理の数々。「岡山ばら寿司」（要予約）は、その集大成ともいえる逸品だ。寿司めしの中に季節の食材を余すことなく混ぜ込み、上置きには四季折々の幸を彩り豊かに盛り付ける。器使いも秀逸な見目麗しき一皿は、創業以来幾人もの食通をとりこにしてきた。料理はもちろん、上質な空間、店主との小気味よい会話、女将の細やかなもてなしも魅力のひとつ。「岡山で客人をもてなすならこの店へ」と一目置かれる日本料理の名店で、今宵も多くの人々が美味と美酒に酔いしれる。

夜の灯りに照らされ情緒的な雰囲気が漂う

1

2

4

3

1. 丹後半島から直接仕入れた松葉ガニをはじめ、食材は全国から厳選したものを使う。ときには、店主自らが産地へ足を運ぶことも。食材選びには、一切の妥協を許さないのが『和楽』の信条
2. 旬の鮮魚を盛り付けた、ある日の夜コースの一品。メニューは、おまかせの夜コース(8000円～)が主体
3. 「岡山ばら寿司」(要予約)は旬の食材を使うので、季節ごとの味が楽しめると評判の逸品
4. 1階には店主との会話も楽しみなカウンター席をはじめ、テーブル席がある。2階は掘りごたつ式の個室3部屋を用意。店内には季節の花々と書画骨董をしつらえ、五感で日本の四季と伝統を楽しませてくれる

店のおすすめ料理&酒

□季節および仕入れ状況によりメニュー変更あり。詳細要問合せ

CARD 利用可
予約 予約可
喫煙 分煙
予算 昼2600円～、夜8000円～

DATA

住 岡山市北区表町2-5-5
tel 086-223-7500
時 11:30～14:00、17:30～(予約優先)
休 日曜　※要問合せ
P なし
HP http://waraku-okayama.jp/
交 岡山電気軌道「県庁通り」電停から徒歩3分

Staff 店主 岡崎安博さん(右から2番目)

岡山でのおもてなしを重要視されるお客様に多くご利用いただいております。食事と器、景観からも季節を感じていただけるよう努めております。

四季折々の山海の恵みを一皿に集めた1万円のコースの前菜

西川荘《にしがわそう》

岡山市北区田町

手間暇惜しまぬ料理人の心を ひと皿ごとに感じる至福の時

創業60年余り、老舗の割烹ならではの伝統に遊び心やモダンな感覚を取り入れた親しみやすさが『西川荘』の魅力の一つだ。料理長の近藤さんはどんな素材でもひと手間かけることで数段上の味にランクアップさせるという、凄腕の持ち主。食材の良し悪しの見分け方から下処理、合わせ方まで、熟練の技を駆使して腕を振るう。「料理というのは、心を入れて初めて通じるものです」という言葉には哲学が込められている。安価なものほど手間暇を惜しまず精魂込めて、ベストな味わいを引き出す。また、骨や内臓なども含め、素材を余すことなく使うことで、栄養バランス面でも良いものができると言う。よく知られている食材でも、意外な調理法で出されることも珍しくない。サプライズと感動の一膳を、心ゆくまで味わおう。

西川のほとり、田町エリアの一角にある

1

2

4

3

1.「牡蠣（かき）南蛮」地元岡山産のカキを180℃の油で10～15秒ほど油通しした後、南蛮酢で炒り煮し、レモン汁で仕上げたもの。カキのうま味を存分に堪能できる一品
2.「カワハギの薄づくり」は、だいだいと柚子を合わせた自家製ぽん酢に肝を溶いていただく。下処理をしっかりしているため内臓も余すことなく味わえるのが料理長の自慢
3.「鱈（たら）白子の碗ちり」は、昆布と酒と塩だけでちり蒸しにしたもの。素材の味を引き出し、だしがよく出るように手間暇惜しまないことがおいしさの秘訣
4.カウンターから個室まで、様々なシーンに対応可能な座席を用意。個室は早めの予約が望ましい

店のおすすめ料理＆酒

□せきれい（ランチ）1512円
□すざく（ランチ）2592円
□ステーキ御膳 4320円
□吉備鍋コース 4000円～（応予算／2日前までに要予約）
□大典白菊（300mL）1200円

CARD 利用可
予約 個室は予約が望ましい
喫煙 分煙
予算 夜5000円～、昼1400円～

DATA

住 岡山市北区田町2-13-27　アウルスタイル西川ビル1・2階
tel 086-225-1971
時 11：30～14：30（LO14：00）、17：30～20：30（LO20：00）
休 不定休
P 15台
交 岡山電気軌道「田町」電停から徒歩5分

Staff　料理長 近藤三郎さん

当店の『吉備鍋』はタコやカキ、桃太郎地鶏や黄ニラなど岡山県産の食材を使っており、備前みそや吉備もちなども入った鍋料理です。ぜひご賞味ください。

割烹　津山《つやま》

岡山市北区天神町

タコ料理で有名な割烹料理店で気さくな店主夫妻のもてなしを

海の幸、山の幸、さまざまな食材が店主の技と心を尽くした料理に変わる

桃太郎大通りから二本北側の通りにある

県北出身の店主が大阪など県外で修業したのち、岡山市で店を始めたのが今から36年前のこと。開店から数年で現在の天神町に移り、現在に至るまで変わらぬ味で親しまれている。モットーは、いいものをリーズナブルに提供すること。例えば、魚介類が最高値で取引される旬の時期を少しずらすなど、仕入れに工夫をすることで価格を抑えている。名物は、生きたまま仕入れているタコの料理で、独特の歯ごたえを楽しめると評判だ。タコしゃぶや刺身、タコ飯などさまざまなメニューが用意されている。「堅苦しい店ではないので、予算とお好みに合わせて臨機応変に対応します」と言う店主。コース料理は3千円からあり、酢の物、お造り、煮物、天ぷら、汁物、ご飯ものなど十分に堪能できる内容だ。季節や日によって仕入れ状況は毎日違うので、おすすめをきいてみよう。

3

2

1

1. 全室個室で、冬場に人気の掘りごたつを用意した部屋もある。少人数での食事会にぴったりの個室席や、最大 35 人まで対応可能な座敷も完備

2. 厨房でさばかれる下津井産マダコは、生きたまま仕入れたものなので鮮度はお墨付き。刺身やタコしゃぶなどで出される定番中の定番素材

3. サワラのおろしあんかけくずしは、だしのうま味がきいた一品。サワラは身割れしにくい五島列島産のものが使われている

4. 姿も美しい下津井産マダイをちり蒸しに。豆腐とニシ貝を添えて、ぽん酢でいただく。シンプルな料理ながら八方だしとマダイのうま味が凝縮されており、吸い物としても味わうことができる

4

✿ 店のおすすめ料理＆酒

□昼膳（要予約、2 人より）
2000 円〜
□鍋コース 3240 円〜
□ 4000 円コース 4320 円
□ 5000 円コース 5400 円
□喜平冷酒 720mL 2268 円

CARD 利用可（VISA・JCB）
予約 予約制
喫煙 分煙
予算 夜 3240 円〜、昼 2000 円〜

DATA

住 岡山市北区天神町2-12
tel 086-223-5786
時 12:00 〜 14:00、17:00 〜 21:30
休 日曜、祝日
P なし
HP http://tsuyama1.web.fc2.com/
交 岡山電気軌道「城下」電停から徒歩すぐ

Staff 店主 井堀哲治さん

四季折々の新鮮な和の料理を心ゆくまでご賞味ください。当冊子をご持参いただいた方には一品サービスいたしますので、お申し出ください。

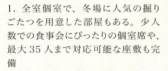

瀬戸内海産の地穴子を使った「穴子すき膳」6000円は期間限定販売

日本料理　吉備膳《きびぜん》

岡山市北区駅元町

晴れの席から大切な方との会食まで。四季折々、心づくしの多彩な膳を堪能

平成26（2014）年の6月に現料理長が就任、以前から構想があったという理想の店にすべく、メニューの刷新など新たな取り組みを続けている。数種類の昆布・かつお節を取り寄せて、それぞれのうま味が最大限に引き出せるとり方・素材の組み合わせを試行錯誤を重ねて編み出したというだしは、料理長自慢の味。香りを楽しんでもらうために、客が来店してからかつおだしをとり始めるというこだわりぶりで、歴然とした違いは一口でわかるはず。そのほか、ソムリエがすすめる「和食に合うワイン」など、既成概念にとらわれずに食事を楽しんでもらうためのベストなおもてなしを心がけているという。

　華やかな膳と手際のよいサービスは、記念日の集いや大切な人との会食を末永く心に残るものにしてくれるだろう。

岡山駅直結でアクセス良好

1

2

4

3

1. 刺身はマグロやイカのほか、旬の魚が出される。料理人の卓越した包丁さばきと美しい盛り付けで、一層味わい深いものに
2. 広々した客席ではゆったりくつろげる。個室も4室あり、2～22人までの会食にも対応可能。利用の場合は早めに予約を
3. 厳選された昆布とかつお節でとっただしを堪能できる吸い物は、季節の味覚を楽しめる。秋はマツタケと白身魚が入り、香り高い一品に
4. 酒類も豊富にとりそろえている。ワインのほか、日本酒はオリジナルの「大吟醸 吉備膳」がおすすめ。突出しすぎずさわやかな味わいで、どんな料理とも相性が良いと好評

店のおすすめ料理&酒

□料理長おすすめ膳 4010円
□小手毬 3080円
□月替わり おすすめ会席 1万280円
□おかやま会席 7000円
□大吟醸 吉備膳（板野酒造／グラス）
1430円

CARD 利用可
予約 当日予約も可
喫煙 禁煙
予算 夜4200円～、昼3000円～

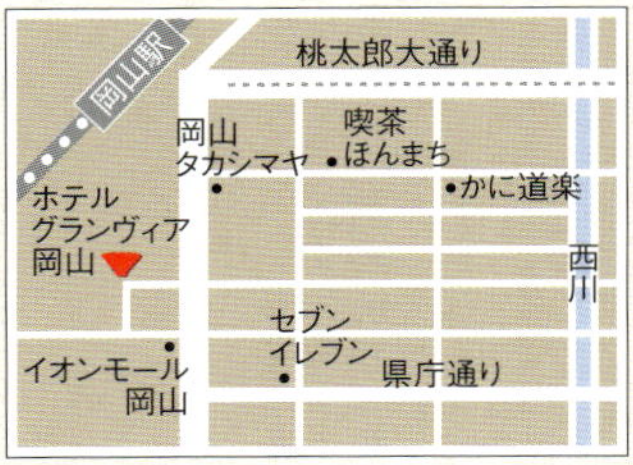

DATA

住 岡山市北区駅元町1-5 ホテルグランヴィア岡山2F
tel 086-234-7000
時 11：30～14：30（LO14：00）、17：30～22：00（LO21：00）
休 なし
P 171台
HP http://granvia-oka.co.jp/restaurant-kibizen/
交 JR岡山駅東口直結

Staff 料理長 長谷川努さん

一期一会の精神と真心をもって、大切な日の思い出を心温まる料理で彩りを添えます。記念日やお祝い、あるいは気軽なご会食にもどうぞ。

まばゆいばかりの彩りを放つ柚子釜は、「早春譜」をテーマとする会席の前菜

日本料理　セラヴィ

岡山市北区高柳東町

こだわりの技と味に心を尽くす 和食の醍醐味を伝える実力派の店

先代料理長の勝瑞昌明さんが昭和46年に創業した『瀬良備』から場所を移し、料理の真骨頂を受け継いだ新生『セラヴィ』として味と技を活かしつつ現代風に進化したこちら。瀬戸内の海の幸、備前や吉備の山の幸、徳島や三重など、西日本各地から取り寄せたこだわりの旬の食材が繊細な味わいと技能にあらわれる。伝統的なものと現代にマッチしたものとを同座させた日本料理の世界を表現しつつも、「お料理を本当に楽しんで食べていっていただければ嬉しい」と、提供する姿勢は常に謙虚だ。この店の味やもてなしを語る文化人や、足繁く通う客が多いのもうなずける。日本酒は東北の淡麗辛口純米酒が多く、開栓した酒は2日と置かず常に新鮮なものが並ぶ。ピアノが置かれ、ミニコンサートも開催される店内は、いつも和やかでゆったりとした時間が流れている。

のれんがなびく店構えは入りやすい印象

1

2

4

3

1. ランチでも出される会席コース。付き出しは陶芸家・浅野陽作、焼き物は美しい紺碧が独特の木村盛康作と、器の素晴らしさも特筆もの
2. 輪島梅椀で供される吸い物は、あいなめ葛打ちに生ゆば、梅人参を沿えたかぶらのすり流し。だしの美味しさとゆずの香り高い一品
3. タイとへぎ皮のお造り。鮮やかな青が映える祥瑞京焼の器を使ってシンプルに。セラヴィ自慢の会席「胡蝶」5000 円はおすすめメニューのひとつだ
4. テーブル席が 52 席の広々とした店内は、衝立てで仕切られている。個室感覚で食事が楽しめ、居心地が良い

店のおすすめ料理＆酒

□ちょっと気楽なお弁当「なごみ弁当」1500 円
□おすすめ定食「おまかせ定食」2000 円
□お野菜中心の会席「わかな」3000 円
□おすすめの会席「胡蝶」5000 円
□日本酒秋田県まんさくの花（一合）1000 円

CARD 利用可
予約 予約可
喫煙 分煙
予算 昼夜 3000 円～

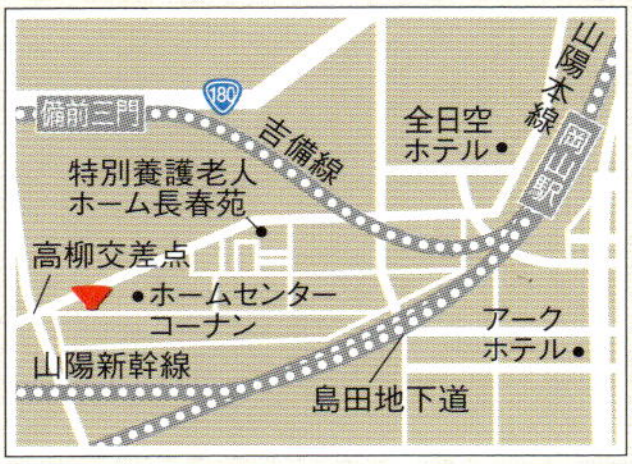

DATA

住 岡山市北区高柳東町14－10
tel 086-898-3103
時 11:30 ～ 14:00、18:00 ～ 21:00
(日曜、祝日の夜は17：30 ～)
休 第1・2月曜（祝日の場合は営業）
P 12台
交 吉備線「備前三門」駅から徒歩10分

Staff 料理長 奥田幸男さん（手前）

本格日本料理を気軽なスタイルでお出しする店です。心を尽くして本当に美味しいものをお出ししますので、ぜひお料理を楽しんで行ってください。

マグロ節のだしで仕上げた「蟹しんじょの吹き寄せ仕立て」（左）と、甘みと歯ごたえが楽しめる「オコゼの薄造り」（右）

日本料理

岡山市北区田町

一扇《いっせん》

和の心と行き届いたおもてなし。五感で堪能する日本料理の粋

岡山が誇る老舗として知られ、賓客のもてなしから茶事まで、格調ある和食処としての呼び声も高い名店。北海道から身ひとつで上京し、その後拠点を大阪に移したときに和食の神髄に開眼したという店主は、「素材の使い方や献立、盛り付けなどの見た目、すべてにおいて垢ぬけて粋な料理だと感じ、目からうろこが落ちる思いでした」と振り返る。その時の感動を伝えたいという想いが詰まった料理は、素材選びから、だしのとり方、味付け、盛り付けに至るまで、最善が尽くされている。選び抜かれた器は趣向が凝らされた名品ぞろいで、拝見も楽しみの一つ。少し敷居が高いと感じるなら、毎月一回開催されている「友の会」に入会するという手も。店主自ら献立や盛り付けの妙について語り、料理を楽しみながら学べると好評を博している。

打ち水がされた玄関口は品格あるたたずまい

1

2

4

3

1. 八寸（吹き寄せ）では、秋の味覚を堪能できる。赤貝のぬた和えや、流れ子（トコブシ）のうま煮、真子の砧（きぬた）巻き、タコのやわらか煮、クルマエビなど彩りも鮮やか。その名の通り、風で吹き寄せられたような盛り付けも楽しんで

2. 京料理の定番、「海老芋饅頭」はふんわりした食感。とろりと甘辛いあんは、秋はきのこ、春は三つ葉などで季節を感じられるものに

3. 厨房で腕をふるう料理人たち。卓越した道具さばきと手際の良さには目を見張るものがある

4. 個室から座敷まで多彩な部屋で食事を楽しめる。1階にはカウンター席もある

店のおすすめ料理＆酒

□懐石料理「風」7560円（サービス料別）

□懐石料理「月」9180円（サービス料別）

□折敷膳（昼）2590円

□吉野弁当（昼）3090円

□大典白菊（大吟醸／一合）3700円

※サービス料は10%

CARD 利用可

予約 コース料理は要予約

喫煙 分煙

予算 夜9000円〜、昼3000円〜

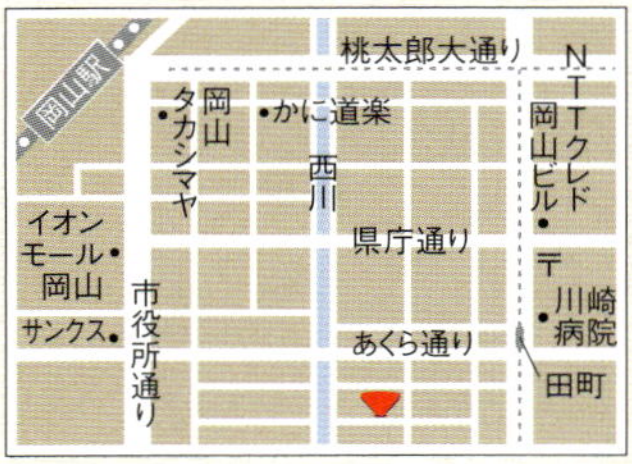

DATA

住 岡山市北区田町2-7-10

tel 086-224-1000

時 11:00〜14:00、17:00〜22:00
※日曜は昼のみ営業

休 8月14〜17日、12月31日〜1月4日

P 近隣のパーキングを利用（2時間までのサービス券有）

HP http://www.1sen.co.jp

交 岡山電気軌道「田町」電停から徒歩5分

Staff　店主 清水明一さん

お客様に喜んでいただくことを一番に考えています。四季折々、五味五色、五法にて五感に喜びを!! ユネスコ世界遺産登録「和食」の原点を常に!!

四季彩鉄板　くさの

岡山市北区田町

刺身や寿司など日本料理と、鉄板料理を同時に楽しめる人気店

鉄板といえば、ステーキ。その時々の、肉質の良い和牛だけをセレクトしている

西川からすぐのビルの２階奥

ホテルの料理店で腕を磨いた店主が平成25（２０１３）年に開いたというこちら。さりげなく花が飾られた店内は上品な雰囲気で、くつろげそうな空間だ。ランチタイムは圧倒的に女性客が多いが、夜はカップルや家族連れなど幅広い客層に支持されているという。人気の秘密は鉄板料理と和食を基本にしたメニューで、刺身や寿司なども本格的なものが味わえると好評。良質の肉や魚介はもちろん、新鮮な野菜をふんだんに使っているのもポイントだ。品数が多い割にリーズナブルなので、コスト意識の高い女性客を引きつけてやまない。L字型のカウンター席では目の前で調理される鉄板料理を、出来たての熱いうちに楽しめると評判。特に、焼き野菜は鉄板の専門店ならではのおいしさだ。この他、テーブル席と個室も完備している。特に週末は混み合うので、予約を入れてから訪れたい。

1. 店主の草野さんはホテルマンとしてキャリアを積んだ後、料理人に転身したという経歴の持ち主。ホテルのレストランで腕を磨き、念願の店をオープンさせた。
2. カウンターは9席ほど。目の前で調理される鉄板料理は見るだけで空腹感が増す。このほか、テーブル席や個室もあるので用途によって使い分けも可能
3. コースの序盤に出されるプレートは、鮮度の高い刺身がセレクトされている。日本料理ならではの繊細な盛り付けと、涼やかなガラスの器にセンスの良さを感じる
4.「和牛と魚介の炙り寿司」。他ではなかなか口にできない肉の寿司。ペアで並ぶのはその時々の魚介で、同じ季節でも日によって違うこともある

店のおすすめ料理&酒

□ランチコース 2500円
□和牛ステーキコース 7000円
□和牛ステーキ+活オマール海老コース 9800円
□備前伊七 純米吟醸（一合）850円

CARD 利用可
予約 コース料理は要予約
喫煙 禁煙
予算 夜7000円〜、昼2500円〜

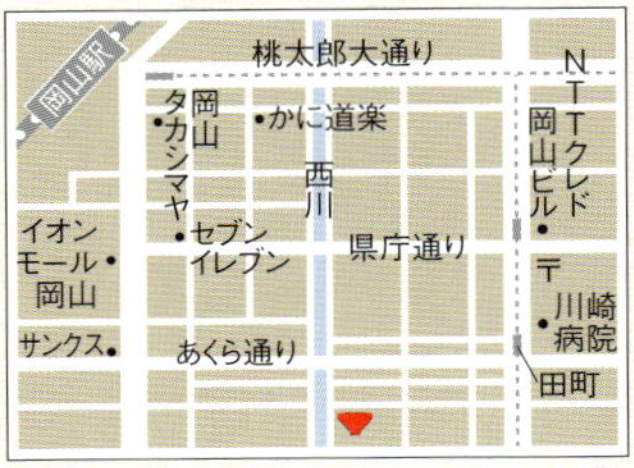

DATA

住 岡山市北区田町2-13-1-C SWISS西川2F
tel 086-212-1661
時 11:30〜14:00、17:30〜22:00
休 月曜（祝日の場合は営業）、ランチは火曜休
P なし
HP http://www.teppan-kusano.com/
交 岡山電気軌道「田町」電停から徒歩5分

Staff 店主 草野友之さん

毎朝地元の新鮮な野菜を仕入れています。肉、魚、野菜を和食と鉄板料理でお楽しみいただけるのは当店ならでは。お気軽にお越しください。

その日入荷した天然物中心の特選ネタで握ったおすすめの「おまかせにぎり」（2500円）

瀬戸内の海の幸　富久屋《ふくや》

岡山市北区西古松

豊富な単品から寿司会席まで岡山の郷土料理が美味しい店

創業24年、大将の吉田さんがつくる寿司や和食は、北海道から銀座など全国の一流を学んだ親方から受け継いだ味と技が活きる。砂糖少なめのシャリは岡山では珍しいが、名物のモガイを使った蒸し寿司や瀬戸内でとれる大造《おおぞう》エビの天ぷら、サバの棒寿司など、岡山の郷土料理が味わえるため、各地から仕事で訪れる客も大満足の名店だ。「五島列島や九州など、鮮度の高い旬の食材にこだわります」という吉田さんの冬のおすすめは、名物「サワラの味噌漬け」。新鮮なサワラを白味噌仕立てのあら味噌に漬けるという手間のかかる一品（要予約）。日本酒や焼酎、ワインなどは料理に合う豊富な銘柄を取りそろえている。威勢のよい掛け声と柔らかな接客には、食事と雰囲気を和やかな気分で楽しめる心地よさがある。

赤い看板と風流な石垣の坪庭がある入り口

1

2

4

3

1. 岡山のブランド牛を使った「千屋牛の炭焼きステーキ」(60g) 2000円は、柔らかい赤身と細かく入ったサシ（脂）が舌の上でとろけるよう。お吸い物風味の「黄ニラの玉子とじ」800円も人気
2.「蒸し寿司」1000円は、11月から3月末までの冬限定ランチメニュー。甘辛く煮た瀬戸内の藻ガイなど豊富な具をのせてアツアツでいただく名物料理だが、最近では作る店も少なくなったという
3 テーブルは最大16席、広々したカウンターは11席で気軽に一人でも入れそうだ。仕出しは予算に応じて、2日前までに予約を
4. まぼろしの米「赤磐雄町米」をぜいたくに使い低温発酵させた純米吟醸生酒「赤磐雄町　純米吟醸 180mL」800円はさらっとして寿司に合う

店のおすすめ料理＆酒

- □特上ばら寿司 2400円
- □煮込穴子寿司（1個）450円
- □名古屋コーチンの塩焼き 1200円
- □寿司会席 4000円〜
- □本格焼酎　佐藤 黒 600円

CARD 利用可
予約 昼は大人数の場合、夜は要予約
喫煙 昼は禁煙、夜はゆるやかな分煙
予算 夜 3000円〜、昼 1000円〜

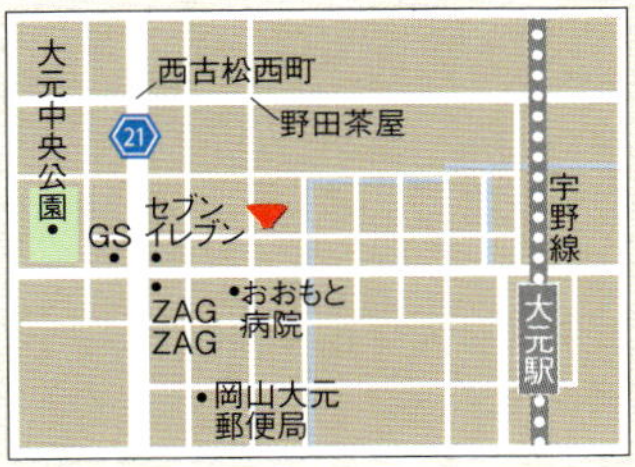

DATA

住 岡山市北区西古松1丁目36番19-101号（朝日プラザ西古松1F）
tel 086-243-2487
時 11:30 〜 14:00、17:00 〜 22:00
休 毎月最終月曜日
P 店舗向いの「旭パーキング」をご利用ください。サービス券をお渡しします。
HP http://www.s-fukuya.com/
交 宇野線「大元駅」から徒歩15分

Staff　店主 吉田一彦さん

季節ごとにこだわりのお料理をお出ししております。よそではなかなかいただけないお料理もあるので、ぜひ県外の方もお誘い合わせの上お越しください。

備前焼の大判プレートには、車エビのウニ和えとサワラのお造り。アート作品のような美しさにはっとする

柳川《やながわ》はむら

岡山市北区野田屋町

雅な空間が広がる日本料理店。上質な料理で特別なひとときを堪能

季節の素材を用いた華やかな懐石料理を楽しむことができ、記念日や接待などの特別な日に相応しい名店『柳川はむら』。岡山駅からほど近い市街地中心部に位置し、柳川交差点北側のグレースタワーⅡに店を構える日本料理店だ。クラシック音楽が流れる店内は、和の空間のほか、洗練された洋間も用意されている。凛とした空気に敷居が高い印象を受けるかもしれないが、懐石コースなら６４８０円からオーダー可能で、ここならではの繊細な盛り付けが好評。親しみやすいスタッフが運んでくる料理は、深い味わいとともに美しい器まで楽しめる。和食店には珍しくワインも多数取りそろえており、店内にセラーも完備されているほど。提供される椀の一杯まで存分に味わい尽くし、店で過ごす特別なひとときを堪能したい。

グレースタワーⅡの２階にある

1

2

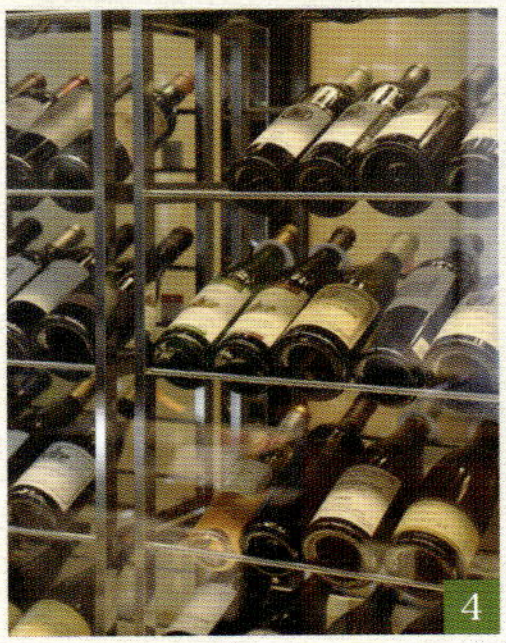
4

3

1. 秋のデザートは抹茶のアイスクリームに干し柿、レンコンチップスなどをトッピングして。カクテルグラスを使っておしゃれな雰囲気に
2. こちらの部屋は間仕切りを外して大人数のパーティや会食にも使える。このほか、和風の個室やカウンターも完備。座敷でもテーブルと椅子でゆっくり食事を楽しめる。接待から家族の会食まで、幅広い客層に支持されている
3. 料理人の江本さんの鮮やかな包丁さばき。カウンター席では目の前で調理風景を楽しめる
4. エントランスを入ると視界に入るのはワインセラー。常時80銘柄ほどのワインを取りそろえており、珍しいものも多数ある。料理に合わせて選びたい

店のおすすめ料理&酒

□はむら膳（昼）3240円
□牛ヒレ膳（昼）3780円
□懐石コース（夜）6480円
□おまかせ（夜）1万2960円〜
□ビール・ワイン等各種　648円〜

CARD 利用可
予約 空席あれば当日も可
喫煙 分煙
予算 夜8000円〜、昼3000円〜

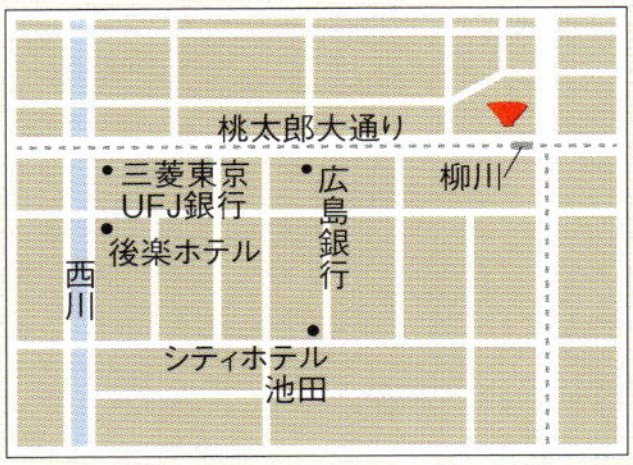

DATA

住 岡山市北区野田屋町1-11-20 グレースタワーII・2F
tel 086-225-6364
時 11：30〜14：00（LO13：30）、17：00〜22：00（LO）
休 不定休
P 契約あり
HP http://hinaichi.info
交 JR岡山駅東口から徒歩10分

Staff スタッフ 江本浩二さん

日本の風情を活かしたくつろぎの空間で、特別なひとときをお過ごしください。子どもメニューもあり、七五三など家族のお祝いにも最適です。

天せいろ。季節の野菜天婦羅とエビ天が付く。伊豆から直接仕入れるわさびが、そばのおいしさを引き立てる

そば処　水谷《みずたに》

岡山市北区幸町

2種のそば粉をブレンドし極上のなめらかさを引き出す匠の技

店主の水谷さんは、東京にある手打ちそばの名店『練馬田中屋』で修行したのち、岡山のそば屋を経て、23年前に独立。水谷さんのそば打ちは、北海道産などの国産にこだわったソバの実を、重さの異なる3台の石臼で引くことから始まる。粗いそば粉と、細かいそば粉の2種類をブレンドすることで歯切れがよくなり、のど越しが格段に上がるのだ。上品な色みの細切りそばは、風味豊かでコシがありながらも優しい口あたり。もり汁は、2週間程寝かせた「本かえし」を枯れ節など2種の節で作っただしで割る。このもり汁を使った厚みのあるふわふわの「たまご焼き」を、そばと一緒に食べるのがオツな食べ方らしい。「一度食べたらやみつきになる」と評判の「水谷のそば」を、銘酒とともにゆっくり味わっていただきたい。

間接照明が和モダンな雰囲気を醸し出す

1

2

4

3

1. たまご焼き。甘みがありコクのある新鮮な滋養卵に、もり汁のだしを使った濃厚な風味が薫る。味付けは甘めで、「おろしそば」や「十割せいろ」とも好相性

2. 「鴨なんばん」は、鴨肉と、ほろほろの肉団子から染み出る上品なうま味。それを細切りネギの風味が引き立てる。山椒、ゴマ油が効いた京都産黒七味をお好みで

3. 鮮やかな藍色ののれんが目を引く和を基調としたたたずまい。入店前からそばへの期待が高まる

4. そば粉に使われる、店主自らが厳選した国産のソバの実。季節によって北海道や福井のものが選ばれる。香りも味も最もよいとされるのは、9月始めの新そばの頃

店のおすすめ料理＆酒

- □せいろ（ざるそば）670円
- □鴨なんばん 1600円
- □たまご焼き 630円
- □純米吟醸酒 清泉（一合）820円
- □山廃吟醸酒 天狗舞（一合）1070円

CARD 利用不可
予約 不可
喫煙 喫煙
予算 夜2000円〜、昼／1100円〜

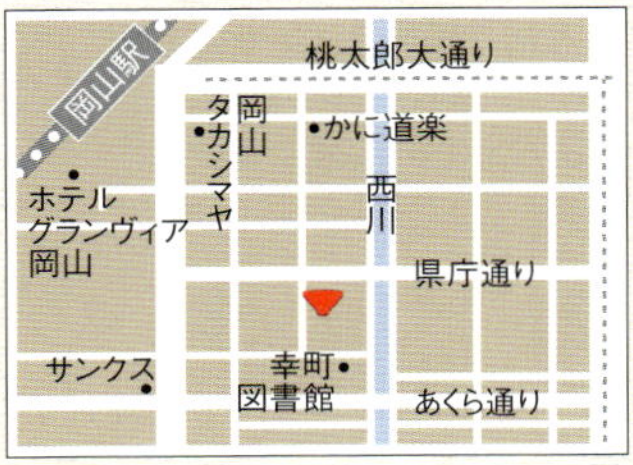

DATA

住 岡山市北区幸町4-26 大重ビル1F
tel 086-226-8266
時 平日11:00 〜 17:00、土・日曜・祝日11:00 〜 19:00 ※売切れ次第終了
休 水曜 ※祝日の場合は翌日
P なし ※精算の際に、2,000円以上の飲食で駐車料金200円（2,000円未満で100円）キャッシュバック
交 JR岡山駅から徒歩10分

Staff　店主 水谷光春さん

まずは「せいろ」を食べて、そばの持つのど越しと香りをお楽しみください。冷たいそば、温かいそば、どちらもおすすめです。

日本料理　吉晶《きっしょう》

岡山市北区丸ノ内

新鮮な地野菜・地魚が職人技によって
モダンで洗練された美しい料理に

のしいかに菊花かぶら、フグのからすみ焼き、切り干し大根、半熟卵に黒ごまと塩で味付けをしたものも添えて

和風でモダンな印象の外観

高校卒業後すぐに料理界に入り、腕を磨いた店主の小林さんが、十数年前に暖簾を掲げたというこちら。料理人の修行時代というと厳しいイメージがつきまとうが、独立前も楽しみながら仕事に取り組み、勤めたさまざまな店の師匠や同期ら料理人仲間とは、現在でも交流を続けているのだとか。おいしいものを食べた後に「ありがとう」と言われるのは、今でもモチベーションになっているという小林さん。モットーは、豊富な食材に恵まれた岡山ならではの献立を用意すること。既製品などは一切使わず、自らの足で探した地野菜と、漁師から直接買い付ける地魚を中心に、旬の味を楽しめるよう工夫が凝らされている。器もガラスや漆器、備前焼などそれぞれに美しく、料理を一層味わい深いものにしてくれている。心を解きほぐす時間を過ごしたいときに、訪れたい一軒である。

1. 椀物とは、椀種・椀妻・吸い口の3つがそろうことが条件。かぶら蒸し（椀種）に軸ほうれん草（椀妻）を載せて。蓋を開けるとゆず（吸い口）の香りが広がる秋・冬の献立
2. サワラとマグロ、タイの刺身にかぶらの葉の緑がアクセントになった一皿
3. ワタリガニの子（卵）と身を菊菜のソースでいただく。近江赤こんにゃくとしめじ、スダチを添えて。洋食のようなおしゃれな盛り付けも楽しんで
4. カウンターは8席ほどで、店主との会話を楽しめる特等席。このほか、テーブル席が30席、個室が5室あり、接待から気軽な会食までシーンに応じて使い分けが可能

店のおすすめ料理＆酒

□大徳寺弁当 2600円
□四季の遊膳 3800円
□季節の鍋料理（前日までに要予約）6480円～
□大典白菊(大吟醸／一合) 1200円

CARD 利用可
予約 当日も可、夜はコースによって前日までに要予約
喫煙 分煙
予算 夜7000円～、昼2600円～

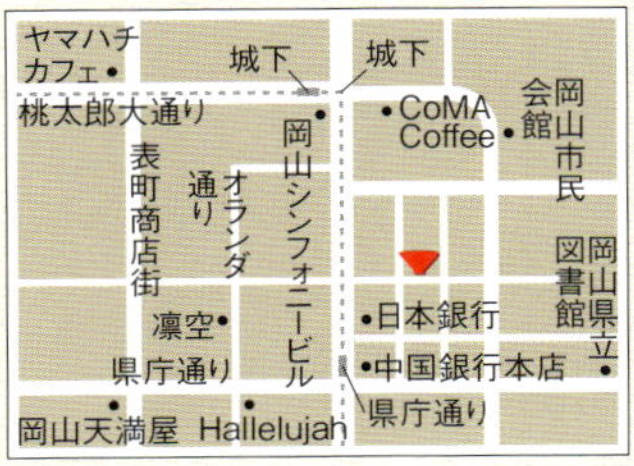

DATA

住 岡山市北区丸ノ内1-4-12-2
tel 086-234-5445
時 11：30～14：00（LO13：30）、17：00～23：00（LO21：30）
休 月曜
P 3台
交 岡山電気軌道「県庁通り」電停から徒歩5分

Staff 料理人 石田和稔さん

ご夫婦やご友人同士の会食など、ちょっとおいしいものを食べたいというときに気軽にお越しください。お弁当などお届け料理（要予約）もご用意できます。

鮮魚・活魚の料理を得意とし、店内にはいけすもある。お造りにも新鮮な瀬戸内の魚が盛り込まれる

割烹　かどや

岡山市北区野田屋町

創業60年を超える老舗料理店で瀬戸内の新鮮な魚介を楽しむ

新鮮な瀬戸内の幸を落ち着いた個室で堪能できる老舗料理店『割烹　かどや』。創業者である先々代は東京オリンピックの選手村で料理監督を務めたほどの実力者で、60年以上続く同店において古くからのお客の足が遠のかない。現料理長の柴田さんは「基本をぶらさず料理することで良いものを作る」と語り、創業時から続く質の高い料理を提供し続けている。そのこだわりは、店内のいたるところに表れている。いけすを泳ぎまわる活きの良い魚は、県内外から厳選した自慢の食材で、毎朝信頼のおける市場の仲買から直接仕入れたもの。看板メニュー「鯛そうめん」1900円は瀬戸内産のタイの甲（かぶと）の煮物と小豆島産のそうめんが皿に盛られた名物料理。趣ある和の個室空間はカジュアルな会食から特別な日まで、使い勝手も幅広い。

野田屋町の一角の４階建て

1

2

4

3

1.「鯛（たい）そうめん」は、もともとは愛媛や岡山の一地方に伝わる郷土料理にヒントを得たもの。瀬戸内海産のタイの甲（かぶと＝頭）をぜいたくに使った煮物と、小豆島産のそうめんが好相性の、こちらの名物料理

2. 岡山県北部産の千屋牛は、和牛のルーツとされる高級ブランド牛で、ほどよい霜降りで肉質の良さが自慢。モモの部位を岩塩焼きに

3. 瀬戸内産のマダイの身を漬けにして白飯にのせ、だしをかけていただく「鯛茶漬け」

4. 2～56人の全席個室で、さまざまなタイプの部屋が用意されている。会食や接待、宴会まで様々なシーンに対応可能

店のおすすめ料理&酒

□週替りお昼膳 1250円（一日30食限定、祝日除く火～土曜限定）
□かどや膳 2160円
□季節のおまかせ会席 5500円～
□鯛そうめん 1900円
□千寿（720mL）3700円

CARD 利用可（一部商品を除く）
予約 当日も予約可
喫煙 喫煙
予算 夜5000円～、昼1250円～

DATA

住 岡山市北区野田屋町1-10-21
tel 086-222-3338
時 11：00～14：30（LO14：00）、17:00～22:30（LO22:00）※日曜、祝日の夜は～21：30（LO21：00）
休 月曜
P 8台
HP http://www.kadoya-co.jp
交 JR岡山駅から徒歩10分

Staff 店主 柴田訓友さん

瀬戸内の幸と郷土岡山の旬の食材を用い、それぞれの味を生かした和食、郷土料理、名物料理をご用意いたします。ぜひご堪能ください。

『桜楽日和り』のお重は、見た目にも美しい繊細な品々が上品に盛り付けられている

日本料理　桜楽《さくら》

岡山市北区津高

本格的な和食をリーズナブルに。ランチは女性客でにぎわう人気店

岡山市内の有名店で料理人としての腕を磨いた店主が、5年前にオープンしたという『桜楽』。本格的な和食をリーズナブルに味わえるとあって、平日昼間でも大勢の客でにぎわっている。ランチのおすすめは「桜楽日和り」で、茶碗蒸し、天ぷら、寿司、お造りや炊き合わせなどが楽しめるお重がついた盛りだくさんの内容となっている。とろりと甘辛いあんと一緒にいただく蓮根餅は、もちっとした触感が人気。他にも野菜を使ったヘルシーな品々が多数あり、上品な味わいと季節感を感じられる盛り付けで女性客のハートをつかんでいる。店内にはカウンターのほか個室もあり、ゆっくりと食事を楽しめる。座敷席もあるので、ちょっとした会合や記念日の食事にも利用したい。人気店だけに土日は混み合うので、早めの予約がおすすめ。

木の色がやさしく、明るい雰囲気の外観

1

2

4

3

1. 蓮根をすって水・酒・くずを入れて練った蓮根餅は、だしのきいた甘辛いあんと一緒にいただく。和食の繊細な味わいが楽しめる、こちらならではの品

2. ランチのコースでは寿司も味わうことができる。定番のマグロ、タイ、カンパチ、イカなどがネタになる

3. デザートにも季節のものを用意。サツマイモのプリンとラ・フランスのアイスで締めくくれば、最後まで秋の味覚を堪能できる

4. 店内はランチタイムの昼は明るく、夜は照明を落として落ち着いた雰囲気に。カウンターの7席以外はすべて個室。2人、4人、8人の部屋があり、会食や記念日の食事など様々なシーンに対応可能。大人数のときは早めの予約を

店のおすすめ料理&酒

- □こはく（ランチ）2200円
- □桜楽日和り（ランチ）3000円
- □あやめ（夜）4300円
- □桜楽 5500円
- □雄町の雫（冷酒／一合）1620円
- □美燗酒（燗／一合）550円

CARD 利用可
予約 コース料理は要予約
喫煙 昼は禁煙、夜は分煙
予算 夜4300円～、昼2200円～

DATA

住 岡山市北区津高752
tel 086-250-3026
時 11：30～14：00、17：30～21：00
休 木曜
P 約8台
HP http://sakura.ecgo.jp/
交 津高妙でん寺前バス亭下車すぐ

Staff 店主 福原省三さん

素材そのものの良さを引き出す料理を心がけています。見た目の美しさにもこだわり、女性に喜んでいただける器と盛り付けでおもてなしします。

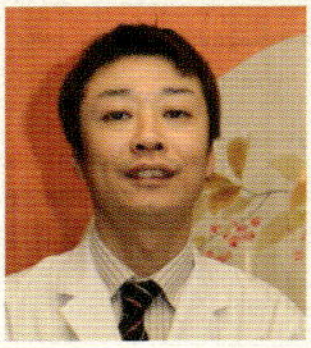

季節の彩りを加えて華やかに。見目麗しき料理は見事のひと言につきる

美膳《びぜん》おち

岡山市北区平和町

ぜいたくなひとときを演出する 日本の文化と心が宿る美しき懐石料理

割烹料理店などで長年腕を磨き、美食を極めた店主・越智さんが四季折々の食材を自ら厳選。その日仕入れた鮮魚や地元の野菜など、選び抜かれた素材の滋味を活かし、絶妙なバランスで仕上げた料理が並ぶ。普段は味わえないぜいたくなひとときを演出してくれると評判だ。さらに、仕入れは毎日行い、2日に一度メニューを変えるスタンスにも、もてなしの心が表れている。「目で楽しむことから始まる日本料理は、料理の彩りはもちろん器も重要」という越智さん。おいしさを引き立てる見た目を、より美しく演出する器の果たす役割は大きい。備前焼や黄瀬戸、古瀬戸といった多彩な器と、艶やかな盛付けの見事な調和にも、ぜひご注目を。そんな料理人の心意気とともに味わう一皿は、日本人であることの喜びに溢れている。

心落ち着く上質な時間が流れる店内

1

2

4

3

1. 下津井産のタコを使った「活け蛸の梅肉掛け」や、酢と塩を2段階で漬け込んだ「ママカリの酢漬け」、鮮やかな柚子の器が美しい「イクラの醤油漬け」など旬の料理が並ぶ
2. サワラやカンパチ、ヒラメといった新鮮な旬の魚のお造り。それぞれに異なる味わいや食感をより感じることができるよう、魚の種類にも気を配る
3. 「牡蠣しんじょ吉野餡掛け」は、タイのすり身とカキの入った淡い緑色のしんじょに吉野葛を使ったあんが掛かる。その上に、松茸、黄ニラ、クコの実、三つ葉などを上品にあしらって
4. 「セコ蟹土佐酢ジュレ掛け」。鮮やかな朱色をした濃厚な内子と、昆布とかつおだしの効いた土佐酢ジュレが絶妙に調和する。プチプチとした食感が持ち味の外子も美味

店のおすすめ料理&酒

- □コース料理 美膳 5400円
- □コース料理 瀬戸 7560円
- □お造りの盛り合わせ 1580円
- □炙りたこと黄ニラのたたき 780円
- □賀儀屋（一合）780円

CARD 利用可
予約 前日までの予約が望ましい
喫煙 分煙
予算 夜5000円〜

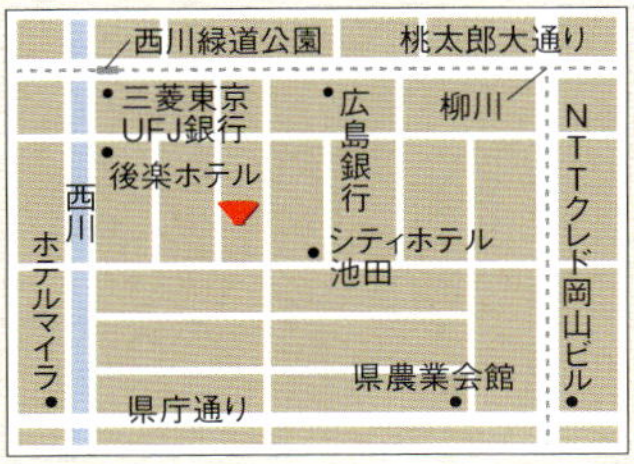

DATA

住 岡山市北区平和町3-10 1F
tel 086-201-7171
時 17：00 〜 23：00（LO22：30）
休 日曜 ※祝日の場合は営業
P なし
交 JR岡山駅から徒歩9分

Staff

店主 越智隆二さん

日々美味しいものをお出しできるように頑張っております。こだわりの日本料理を落ち着いた空間で、気軽にお楽しみください。

聖《せい》原田《はらだ》

岡山市北区磨屋町

魚介のみならず肉も得意な日本料理店。本格的な懐石をカジュアルに楽しめる

懐石 5480 円のコースは品数豊富で満足感のある内容

ビルの一角、和風の入り口は見つけやすい

幸町にあった割烹の店の姉妹店として、現在の地にオープンしたのは20年ほど前のこと。以来、岡山市街の中心部でさまざまなゲストを迎えてきたこちらでは、老舗ならではの確かな味を手頃な価格で楽しめると評判だ。総料理長おすすめの懐石は品数もさることながら、一つひとつの料理が味わい深い。割烹店だった頃から続いている名物は「牛フィレ肉の網焼き」で、よく味がしみ込んだ肉が冷めても柔らかくしっかり味わえる。また、高知県産の米ナスを使った「米なすの味噌田楽」も他では味わえない一品。味噌の中には鶏肉が入っており、さっと揚げたナスとも好相性だ。甘辛い味付けは絶妙で、見ただけでは想像がつかないおいしさはクセになりそう。懐石料理は3240円～とお得感のある価格設定なので、利用しない手はない。

3

2

1

4

1. 店内はカウンター、テーブル席、個室が完備。ランチメニューは手頃な価格の丼やセットがあり、ビジネスマンらに人気
2. コースの一皿としてはもちろん、単品でもオーダー可能な「造りの盛り合わせ」。初冬はタイラギ貝の貝柱やタコなどが美味。旬のものを職人の技で造りに仕立てている
3. 割烹時代からの名物、「牛フィレ肉の網焼き」。しっかり下味がついており、口の中で肉汁のうま味が広がる。コースの中の一皿として出される
4. 水分をたっぷり含んだ高知県産の米ナスをさっと油で揚げ、甘辛い味噌に鶏肉のミンチを混ぜ込んでうま味を出している。ミンチといっても大き目のものもあり、肉の食感も楽しむことができる

店のおすすめ料理＆酒

- □ひょうたん弁当 1200円
- □聖ランチ 1500円
- □懐石（夜）3240円
- □懐石（夜）4320円
- □懐石（夜）5400円
- □聖（ひじり／一合）432円

CARD 利用可
予約 鍋料理は前日までに要予約
喫煙 喫煙
予算 夜3240円〜、昼700円〜

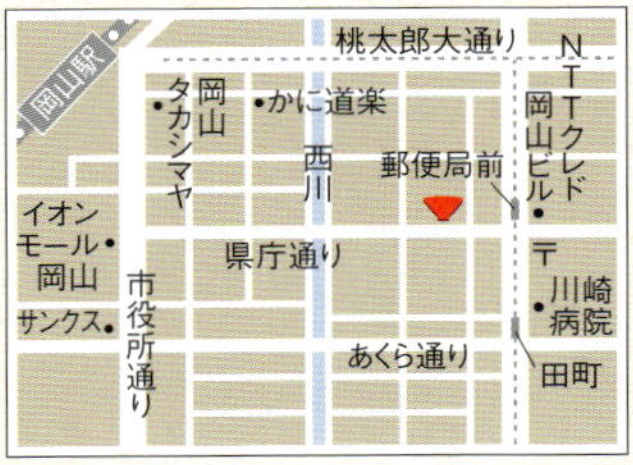

DATA

住 岡山市北区磨屋町9-18 農業会館B1F
tel 086-231-2003
時 11：00〜13：30、17：30〜22：00（LO21：30）
休 日曜　P なし
HP http://sei-harada.com/
交 岡山電気軌道「郵便局前」電停からすぐ

Staff 総料理長 有松行広さん

懐石料理をお出ししていますが、かしこまらずに気軽に召し上がっていただける店です。行楽や集まりなどにお弁当なども多種ご用意しています。

コース料理の一例。瀬戸内の魚を使ったお造りや煮魚など美しく盛り付けられた料理の数々

おかやまの味　藤《ふじ》ひろ

岡山市北区野田屋町

和の技を持つ実力派割烹店で地物を生かした粋な逸品を味わう

『藤ひろ』の店主・谷さんは、素材の持ち味を生かして四季の移ろいを表現する日本料理の技法を大阪・京都で修行し、地元岡山で開業。現在は東京で修行した料理長の正太郎さんとともに、親子二代で板場に立つ。瀬戸内の新鮮な天然魚や、自家栽培の野菜など厳選された旬の素材を用いて、基本に忠実な日本料理を大切に作り上げる。特筆すべきは、店主自らが手をかけて育てる野菜だ。できるだけ農薬は使わず、みずみずしい野菜本来の味を活かすよう丁寧に栽培されている。料理に合わせて飲みたい日本酒は、谷さんと女将が本当に美味しいと思った県内の6つの蔵元から30種を厳選。「大典白菊」、「燦然《さんぜん》」といった、通も熱い視線が注がれる岡山の地酒を飲み比べできる。昭和52（1977）年の創業当初から変わることのない美味しさへのこだわりがここにある。

女性が1人でも気軽に訪れることができる雰囲気

1

2

4

3

1.「冬至和え」は、ペースト状にしたカボチャを車エビや春菊、舞茸などと和え、カボチャ本来の甘みと一緒に味わう12月の料理。色鮮やかな黄色が目にもおいしい
2.サワラや天然ヒラメ、下津井のタコ、カマスなど、季節ごとに新鮮な瀬戸内の魚介をお造りでいただく。美しい彩りからも鮮度のよさが見て取れる
3.「オコゼの煮付け」。しょうゆベースの煮汁で甘辛く炊くことで、魚独特のクセが豊かなコクとなって活きてくる。身は、ふっくらとして美味
4.「穴子と丸大根の炊き合わせ」は下津井産の焼き穴子を、大根を煮たまろやかなだしとともにいただく。煮含めた丸大根と青菜のおひたしにも、うま味が凝縮されている

店のおすすめ料理&酒

□季節のおまかせ会席
5400円～1万800円
□瀬戸内会席 5400円～1万800円
□ふぐのフルコース（冬）7560円～
□一品料理 530円～
□岡山の地酒各種（一合）650円～

CARD 利用可
予約 当日も予約可
喫煙 一部禁煙
予算 夜5000円～

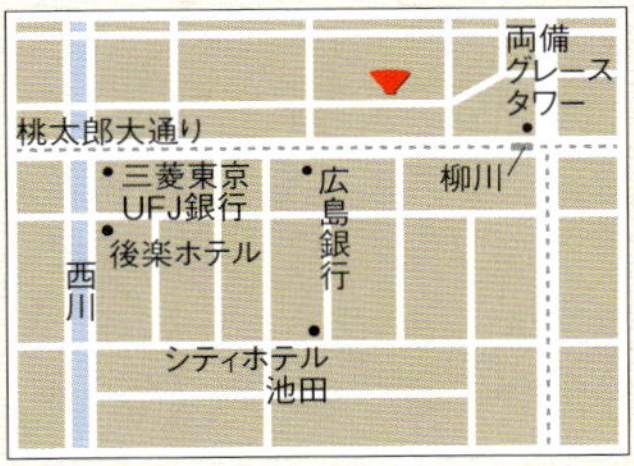

DATA

住 岡山市北区野田屋町1-8-20
tel 086-223-5308
時 17:00～22:00（入店は～21:00）
休 日曜、祝日
P なし
HP http://fujihiro.jp.net/
交 JR岡山駅から徒歩8分

Staff　店主 谷 廣司さん

瀬戸内の天然魚と自家栽培の野菜を岡山の日本酒で味わえる割烹店です。お客様に喜んでいただけるよう、日々試行錯誤を重ねております。

サワラ、天然の鯛やブリ、剣先イカ、ウニなど鮮度が高く上質なもので造る盛り合わせ

旬漁菜　清那《せな》や

岡山市北区磨屋町

今しか味わえない旬の味覚に出合える
お一人様から宴会まで自在の本格和食店

店長の小田さんは岡山や大阪で和食、洋食、創作料理を20年学んだ、根っからの料理人。「目で見て楽しんで、じっくり味わってもらえる料理をお出ししています」と、瀬戸内の天然魚介や有機野菜を使い季節ごとの旬を彩り良く盛り付け、丁寧で繊細な味覚を大切にしている。人気の懐石コース4000円はお造りやお椀、焼き物、揚げ物など9品がつく上、毎月メニューを変えるので今しか味わえない味覚に出合える。単品料理は前菜から揚げ物、蒸し物、肉料理、自家製デザートに至るまで充実の品数を誇る。ブランドにこだわらず、味や鮮度で食材を選ぶ「お客様の視点」もありがたい。柔らかい肉質ときれいな霜降りの「作州牛ロースのステーキ」2500円もそんな一品である。和風モダンの店内では、落ち着いたくつろぎの時間が楽しめる。

階段を上がってすぐ、入り口は純和風

1

2

4

3

1. オープン時からの人気メニュー「湯葉まんじゅう」は、エビと白身魚のすり身を湯葉で包んで蒸し、利尻の天然昆布と最高級のかつお節のだしを使ったあんをかけている
2. サワラの厚切りと黄ニラの組み合わせに、八丁味噌ベースのブレンド味噌でいただく「サワラと黄ニラの陶板焼き」1580円
3. お一人でも楽しめるカウンターは白木の一枚板。しっとりした照明が照らす個室（2人から最大24人）も木の温もりで落ち着ける
4. クセがなく、辛口すぎない飲みやすい日本酒を中心に置いている。半年寝かせたうま味ある純米酒・山形の「一白水成」や、口当たりの良い岡山の吟醸酒など、料理が引き立つ銘酒がそろう

店のおすすめ料理&酒

□懐石コース料理 4000円～
□お造りの盛り合わせ 2500円～
□湯葉まんじゅう 780円
□サワラの西京味噌焼き 1580円
□特別純米酒　一白水成（一合）800円

CARD 利用可
予約 予約可
喫煙 喫煙
予算 6000円～

DATA

住 岡山市北区磨屋町10-3ダイヤビル2F東
tel 086-227-3378
時 17：00 ～ 24：00
休 不定休
P なし
交 岡山電気軌道「郵便局前」電停より徒歩5分

Staff　店長 小田雄介さん

本当に美味しいものを食べたい方に喜んでいただけるお店です。お一人の方も多く、カウンターは落ち着くようです。ご来店をお待ちしております。

季節の魚介盛りだくさんの「おまかせにぎりずし」2100円。ネタのグレードにより料金体系は３種類

すし処 今新《いましん》

岡山市北区今

岡山産の新鮮なネタを多用した絶品寿司
豊富な一品料理とともに味わいたい

「一番大切にしているのは、食材の鮮度、元気の良さや威勢の良さ、清潔感」と笑う店主の〝濱さん〟こと濱 行孝さん。東京の寿司屋で修行し、岡山に帰って一軒目『濱ずし』をオープン。その後移転し、平成13（２００１）年にこちらを開いた。

寿司職人一筋40年の濱さんが仕入れるネタは、イワシ、アナゴ、車エビ、大造《おおぞう》エビなど、瀬戸内海でも特に岡山で水揚げされたものを中心に。なかでも、寄島産アナゴをふっくらとやわらかく炊き上げた煮アナゴは格別。ほとんどの客が注文する名物で、人気の「おまかせにぎりずし」にも必ず入れるそう。ネタだけではなく、シャリにもこだわって吉備中央町産の米を使用している。このほか、豊富な一品料理も自慢の一つ。旬の素材を使った黒板メニューも寿司と一緒にオーダーしたい。

最大18人収容の２階座敷席もある

1

2

4

3

1.「天然真鯛（マダイ）の頭の唐揚」1500円。酒蒸し、あら炊きと並ぶ、店主自慢のタイ料理の一品。塩を付け手づかみで豪快に食べたい
2.「蓮根まんじゅう」500円。すりおろした連島レンコンに下味を付け、エビ、ユリネ、銀杏などを入れて蒸し上げた一品。あんをかけてわさびをトッピング
3. ロングセラーで定番の人気メニュー、「いわしの梅煮」300円。小さめのマイワシを下ゆでしたあと、20 ～ 30分煮込む。骨までまるごと食べられて酒のさかなに最適
4. 瀬戸内海の魚介を中心とした旬のネタを、店主の濱さんがテンポよく握る。カウンター席に座って、その熟練の技を眺めながるのもいい

店のおすすめ料理&酒

- □おまかせコース 4000円～
- □えび・貝柱のかき揚げ 850円
- □とろろむし 500円
- □大根の煮物 300円
- □弥兵衛一合 480円

CARD 利用可
予約 昼夜とも予約可
喫煙 喫煙
予算 夜5000円～、昼1080円

DATA

住 岡山市北区今4-1-19
tel 086-244-2389
時 11：30 ～ 14：00、
17：00 ～ 23：00（LO22：30）
休 日曜
P 10台
交 JR北長瀬駅から徒歩20分

Staff　店主 濱 行孝さん

寿司1個ごとの値段はメニューにはっきりと出していますから、寿司屋といっても敷居は高くないと思います。どうぞ気軽にお越しください。

岡山名物のばら寿司は常に十数種類のネタが入っている

アートダイニング 武蔵《むさし》

岡山市北区野田屋町

創業75年を超える岡山で最初の日本料理店。伝統の技と新たな取り組みに注目が集まる

2006年に平和町から移転して一棟まるごと料理屋に

平成26（2014）年で創業75年、岡山で最も古い日本料理の店と言われる老舗中の老舗。料理長として現場を率いるのは3代目代表取締役の大久保巧海さん。時代とともに日本人の食生活は大きな変遷を遂げてきたが、こちらの献立の多くは創業当時と変わらないレシピで作られているというから驚きだ。旅行客にも人気で、郷土料理のばら寿司やままかりをはじめ、サワラやタコ、アナゴなど地元産の食材を使った「岡山の味」を堪能することができる。定番のメニューに加え、「サワラの汐たたき」など、少しずつ新しいメニューも仲間入りしている。

客席は、2人から利用可能な個室や、最大50人収容の大宴会場もあり、会食や宴会など様々なシーンに対応可能。このほか、祝儀・法要向けの出前、会議や行楽用の弁当2000円～もあるので、気軽に利用したい。

1. 1階はカウンターやテーブル席、個室など一人から数人程度の席が中心だが、2階は宴会などにも使える広い座敷がある
2. 料理人たち主導で、岡山県の名物料理に合う酒をプロデュースしたというユニークな商品。甘辛い味付けのアナゴ、独特の風味の黄ニラ、あっさりした瀬戸内産のタイ、甘めの寿司飯のばら寿司、脂がのったサワラ、それぞれに合う味を創り出した
3.「さわらの汐たたき」は、7年ほど前に考案された比較的新しいメニュー。オリジナルの塩ダレとレモン果汁でさっぱりといただけるうえ、食欲増進効果も。料理長おすすめの一品
4. 季節ごとの山海の幸を煮物にしたもの。秋・冬は真子や藻貝（もがい）、イイダコなどが入る

店のおすすめ料理＆酒

- □岡山名物ばら寿司セット 1404円
- □さわら汐たたき 1670円
- □夢二膳 2160円
- □岡山づくし会席 3780円
- □ばら寿司に合うお酒（一合） 648円

CARD　利用可
予約　当日も可（会席などコース料理は前日まで要予約）
喫煙　昼は禁煙、夜は喫煙
予算　夜 3500円～、昼 1000円～

DATA

住 岡山市北区野田屋町1-7-18
tel 086-222-3893
時 11：30～13：30、17：00～22：30（LO21：30）
休 不定休
P なし
HP http://art-musashi.com/
交 JR岡山駅から徒歩8分

Staff 三代目代表取締役 大久保巧海さん

ご年配のお客様が多いですが、地元の若い方たちにも和食の良さを知っていただきたいです。カウンター席もあるので、お一人でも気軽にお越しください。

手間暇かけた彩り豊かな料理の数々。オリジナル純米酒はじめ全国各地の地酒と一緒にぜひ

あじ彩《さい》真《しん》

岡山市北区幸町

肩ひじ張らない本格的な和食。割烹料理店のクオリティをこの店で

「昔ながらのきちんとした本格的な和食を、誰でも気兼ねなく肩ひじ張らずに食べていただける店を開きたい」。6年間割烹料理店の料理長を務めた野上さんが、そんな思いで平成25（2013）年3月にオープンしたお店だ。

　手間を惜しまず、一つひとつ丁寧に作ったことがうかがえる数々の料理は目にも鮮やか。いろいろな一品を少しずつ食べたいという女性客から圧倒的な支持を得ている。夜のおすすめは、季節の食材をふんだんに使った「あじ彩コース」で、心尽くしの9品が並ぶ。ランチで人気は「瓢（ひさご）弁当」と「あじ彩弁当」。そのほか、丼セットや定食セットは各種あり、1000円からとお得感があってうれしい。

　「料理を作っているときが一番幸せ」と話す野上さん。名前どおり、真の真心が伝わる料理とおもてなしの店だ。

テーブル26席と可動式のカウンター7席の店内

1

2

4

3

1. 先付、吸物、造り、焼物など季節の食材を使った9品が登場するおまかせ料理「あじ彩コース」の中の一品。焼物＋八寸を同じお皿に彩り美しく盛っている
2. お昼の一番人気の「瓢（ひさご）弁当」1600円。4段重ねのひょうたん型の器を開けたら、刺身、ごま豆腐、揚げ物、焼き物など5～6品の美しいお料理の数々が並ぶ
3. 一皿で、薄造りと刺身の2種類が楽しめるプレート。コースには必ず入っており、季節や金額に応じて内容が変わる
4. 「寄せせいろ蒸し」1800円。魚介類、鶏肉、季節の野菜など、寄せ鍋に使う材料をせいろに入れて蒸し上げる。ほかに岡山らしく「鰆（さわら）せいろ蒸し」も

店のおすすめ料理＆酒

□あじ彩コース 3800円
□鰆せいろ蒸し 1600円
□あじ彩オリジナル純米酒（300ml）
950円
□当店おすすめ試飲セット 日本酒
純米・本醸造（4種類）1000円

CARD 利用可
予約 昼夜とも予約可
喫煙 昼は禁煙、夜は喫煙可
予算 夜4500円～、昼1000円

DATA

住 岡山市北区幸町2-21 幸町ビル1F
tel 086-221-8810
時 11：30～14：00、
17：00～23：00（LO22：30）
休 日曜
P なし
HP https://www.facebook.com/ajisaishin
交 JR岡山駅東口から徒歩8分

Staff 店主 野上 真さん

貸切はもちろん、10人からのご予約で日曜営業もさせていただきます。気軽に来られる店なので、お買い物帰りなどにお立ち寄りください。

17～18種の具材が入ったばら寿司（左）は看板メニュー。サワラのたたき（右）は秋から冬にかけてが美味

郷土料理の店 割烹 さかぐち

岡山市北区表町

ままかりやばら寿し、岡山の郷土料理を気軽に味わう

昭和43（１９６８）年にこの地で創業したというこちらは、瀬戸内の魚介類をふんだんに使った郷土料理で有名な老舗だ。旅行雑誌等でも紹介されている看板メニューのばら寿司は、酢締めのままかりやサワラ、マダコ、エビ、焼きアナゴのほか、地野菜などが17～18種入っており、彩り鮮やかでボリューム満点。季節によって多少具材は変わるが、地ものを丸ごといただけるぜいたくな一品だ。店主いわく、それぞれの具材に味付けがされているので、そのままいただけるとのこと。価格も良心的なので、地元客のランチとしても好評を博している。岡山郷土料理研究家の店主のこだわりは、日生港から直送される魚介類を使った地元の味。刺身はもちろん揚げ物・焼き物など、素材本来の良さを味わえる多彩な料理を堪能しよう。

料理屋が軒を連ねる一角にある。紫ののれんが目印

1

2

4

3

1. カレイの唐揚げは、揚げたての香ばしさとカリっとした食感を楽しめる。骨まで熱が通っているので、パリパリと丸ごといただこう。レンコンやナスなど地野菜を添えて

2. 郷土料理として人気のままかりは、香りが引き立つ焼き酢漬けが人気。このほか生の酢漬けや、にぎり（寿司）もあるので、好みがあればオーダー時に伝えてアレンジしてもらえる

3. 地野菜の黄ニラはわかめと合わせておひたしに。青ニラほどの強い風味がないため、さっぱりといただける。赤く染めたカブラを添えて彩り鮮やかに

4. 一人でも気軽に入れるカウンター席のほか、六畳間などの個室も完備。座敷では最大 26 人を収容可能（要予約）

❀ 店のおすすめ料理＆酒

- □岡山観光美食膳 4104 円
- □おかやま魚島膳 5400 円
- □ばら寿司（吸物付）1080 円
- □白魚と黄ニラの玉子とじ 864 円
- □麦焼酎さかぐち（900mL）3000 円

CARD 利用可
予約 コース料理は要予約
喫煙 昼は禁煙、夜は分煙
予算 夜 3500 円～、昼 1080 円～

DATA

住 岡山市北区表町3-8-22
tel 086-224-2835
時 11：30 ～ 14：00（火・木・土のみ営業）、17：00 ～ 22：00
休 日曜
P 6台
交 岡山電気軌道「西大寺町」電停からすぐ

Staff　料理長 坂口哲夫さん

瀬戸内海産の地物が当店の自慢。ままかりやばら寿司など、岡山ならではの味を目当てに県外からのお客様も多数いらっしゃいます。

「懐石」5000円～（2日前までに要予約）は予算によって内容の異なる5つのメニューがある

夜寿司《よずし》　田町本店

岡山市北区田町

老舗寿司店で職人が一つずつ握る
鮮度の高い地ネタの寿司を味わう

昭和27（１９４９）年、戦後間もない時期に屋台形式で創業し、5年後には天瀬に店舗を構え、田町の現在の場所に出店したのは昭和42（１９６７）年のこと。宵の口から寿司を食べられる屋台、という意味を込めて「夜寿司」と名付けられたという。60数年にもわたる長きにわたって愛されてきたのは、その日にとれた地元産の新鮮なネタを使い、一つずつ丁寧に職人が握る寿司のおいしさにある。寿司のみならず、懐石料理も一品ずつ丁寧に作られており、会食などに好評だ。料理長のこだわりは、伝統的な日本料理のメニューにひと手間加えて現代風にアレンジし、洋食のエッセンスを取り入れながら見た目も美しい一皿を出すことだと言う。特に女性客に喜ばれるようさまざまな趣向を凝らしているので、寿司と合わせてオーダーしたい。

建物一棟ごと店舗なので、見つけやすい

1

2

4

3

1.「ピーチポークの角煮」は岡山県産のピーチポークとんトン豚を、柔らかく煮込んだもの。角煮の周囲のあんには吉備辛子を描き込むように混ぜ、おしゃれな一皿に仕上げている
2.「タイラギ貝のあぶり」は、瀬戸内海産のタイラギ貝をあぶったものをぽん酢ジュレとトマトジュレで彩りも美しい一品に。かぶらやその葉も付け合わせの野菜として使い、ヘルシーさにも注目
3.「海老芋饅頭」は、黄ニラや金時ニンジン、春菊、銀杏など、地産野菜をふんだんに使っている。洋食のようにモダンな盛り付けながら、備前焼の器に映える一品
4. 1階は一見客でも入りやすいカウンター席。2階は2～20人の個室を完備しているほか、3階は最大80人まで収容可能な大宴会場もある

店のおすすめ料理＆酒

□夜にぎり 3240円
□懐石料理（夜／2日前までに要予約）5400円～
□カニ鍋1～2人前（夜／2日前までに要予約）4320円
□「壺中の天」（250mL）800円

CARD 利用可
予約 当日も可（料理によって三日前まで要予約）
喫煙 分煙
予算 夜5000円～、昼1500円～

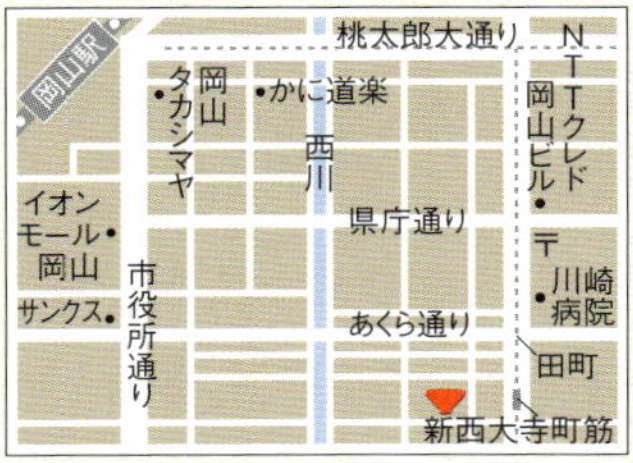

DATA

住 岡山市北区田町2-11-8
tel 086-225-1975
時 11：00～14：00（LO13：30）、17：00～23：00（LO22：30）
休 無休
P なし
HP http://www.yozushi.com/
交 岡山電気軌道「新西大寺町筋」電停から徒歩3分

Staff 料理長 久世清和さん

お一人でも気軽にお越しいただける店です。伝統的な日本料理はもちろん、洋食の素材を取り入れた新しいメニューもあります。ぜひ、ご賞味ください。

割烹 動《いぶり》

岡山市北区磨屋町

斬新なアイデアと長年の経験・勘で、常に新しい献立を創り出す

彩り鮮やかな八寸はおしゃれなプレートに盛られている

飲食店が集まる磨屋町の一角にある

岡山市内の中心部、飲食店やオフィスが集まる磨屋町の一角に位置する割烹の店。26年前に開店した当時は、カウンターで懐石料理を出す店は珍しく、画期的な試みだったという。一カ月ごとに献立を変えているが、足しげく通う客のことも考慮して二度と同じものは出さないというこだわりを持っている店主の安岡さん。写真つきで献立の記録を冊子に記録しており、次はどんな食材でどんな料理を作ろうかと日々考えをめぐらせているそうだ。瀬戸内海産の魚介はもちろん、レッドパプリカなど家庭でもなじみのある野菜なども食材として利用。彩り鮮やかで見た目にも楽しめる日本料理を得意としている。形式にとらわれない自由なスタイルで楽しめるので、一人でふらりとやってくる女性客もいるのだとか。カウンターで、気さくな店主と会話しながら楽しむ懐石はいかが?

3

2

1

4

1. カウンターは7席ほど。一人でも気軽に入れるうえ、気さくな店主との会話を楽しめる特等席でもある。このほか、テーブル席もある。
2. 店主の安岡さんはこの道48年以上の大ベテラン。常に新しいアイデアを献立に盛り込み、自らも楽しみながら料理に取り組んでいる
3.「変り鉢」540～670円（月により異なる）はかぼちゃをつぶしてペースト状にしたものを卵黄や魚のすり身と合わせたもので、中にくるみが入っている。おしゃれな見た目とやさしい味わいが女性に人気の一品
4.「焼き鰆の棒寿司」1080円はこちらの名物。しっかり味のついたサワラは下ごしらえにひと業あり。しょうゆに丸一日漬け込んでおり、手間がかかったもの。ほかではこの価格では食べることができないというサービス品

店のおすすめ料理&酒

□海老ひろうず定食(昼)870円
□お昼のミニ会席(6品)3240円
□おまかせ三品料理 2980円
□会席 4320円～
□ダバダ火振り(一合)600円

CARD 利用可
予約 当日も予約可
喫煙 分煙
予算 夜2980円～、昼870円～

DATA

住 岡山市北区磨屋町7-1 岡村ビル1F
tel 086-222-0405
時 11：30～14：00、17：00～22：00
休 火曜、毎月第一水曜の昼
P なし
交 JR岡山駅から徒歩10分

Staff 店主 安岡 進さん

割烹の店ですが、気軽な雰囲気なので旅行で来られた女性が一人で来店されることもあります。ランチメニューも多数ありますので一度お立ち寄りください。

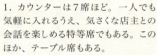

本格的な和食と鉄板料理が同時に楽しめる。どの料理も地元産の旬の食材にこだわり、職人の斬新な技が光る

厨《くりや》洊《せん》

岡山市北区駅元町

景色の眼福、グルメの口福。地上20階で和食と鉄板料理に舌鼓

ＪＲ岡山駅から徒歩３分、岡山全日空ホテルの20階にあるこちら。岡山市街を一望でき、桜や紅葉など四季の変化を楽しめる昼と、美しい夜景にロマンチックなムードが高まる夜で異なる表情を見せてくれる。本格的な会席から、新鮮な野菜や厳選された魚介や肉をふんだんに使った鉄板焼きまで、多彩な料理を提供している。料理長のこだわりは、地元岡山産の新鮮な野菜を使うこと。四季折々、旬の素材を活かしたメニューは女性客を中心に好評を博している。料理されていく鉄板料理を目の前で楽しめるカウンター席や、気軽に利用できるテーブル席、祝い事や法事など改まった席に使いたい個室は座敷もあり、幅広いニーズに応えられるのはこちらならでは。四季折々、イベントも随時開催しているので、気軽に利用したい。

駅から徒歩３分でアクセス良好

1. メニューは随時変わっていく。クリスマスや正月など、イベントに合わせたフェアも開催。写真は「北信越美肴」6000円（期間限定メニュー）。旬の味覚を取り入れた会席料理は、一箸ごとに感動を味わえると評判。五感をフル活用して堪能したい
2. 夜景の見える個室はロマンチックな時間を演出。大切な人との時間をグレードアップしてくれる
3. 調理風景はパフォーマンスさながら。魚介や肉、野菜が目の前で豪快かつ丁寧に焼かれていく様は見ているだけで楽しい。鉄板焼メニューはカウンター席がおすすめ
4. 人数の多少にかかわらず、会食や宴会などあらゆるシーンに対応可能

店のおすすめ料理&酒

□お昼のおすすめ御膳　3400円〜
□夜のおすすめ会席　6000円〜
□おすすめ鉄板焼きコース　9800円〜
□御膳酒 馨《けい》（一合）2300円
□季節のオリジナルドリンク
（ノンアルコール／月替り）650円

CARD 利用可
予約 当日も可。会席料理は3日前までに要予約
喫煙 昼は禁煙、夜は分煙
予算 夜6000円〜、昼3400円〜

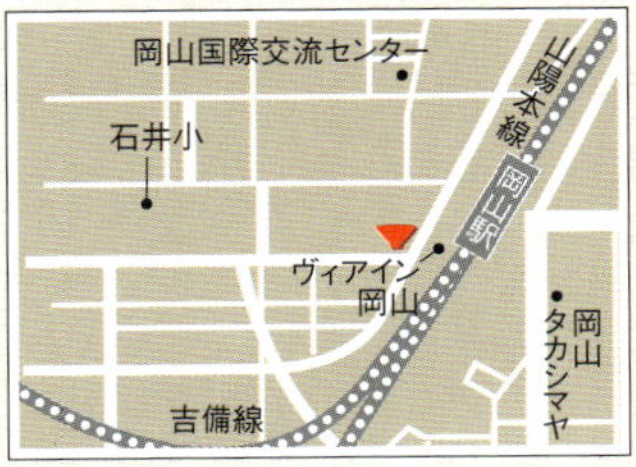

DATA

住 岡山市北区駅元町15-1　岡山全日空ホテル20階
tel 086-898-2284
時 6:45 〜10:00、11:30〜14:00（土日祝は〜15:00）、17:30〜22:00（LO21:30）
休 なし　P 270台
HP http://www.anahotel-okayama.com/
交 JR岡山駅西口から徒歩3分

Staff　アシスタントマネージャー　斎藤直敬さん

地上20階という非日常の空間で、本格会席を美酒とともにお召し上がりください。ノンアルコールドリンクもあり、女性でも気軽にお越しいただけます。

冬季限定のわら焼きサワラ 1728 円～。絶妙な焼き加減で、凝縮したうま味とわら焼きの香ばしさが広がる

創味魚菜　岩手川《いわてがわ》

岡山市北区田町

全国から仕入れた鮮魚の数々を魚を知り尽くした職人が昇華させる

創業から35年以上。瀬戸内のままかりをはじめ、サワラや山陰のノドグロ、五島列島のクエ、高知のキンメダイ、北海道のカニやキンキなど、全国のうまい魚を求め、時には自ら足を運び、厳選した魚介でもてなす活魚料理の老舗。魚介の品ぞろえは岡山でもトップクラスを誇り、カウンターにはその日に仕入れた魚が豪快に並ぶ。ここで味わえるのは、丹精な仕込み、職人の卓越した包丁さばきと美的センスにより昇華させた活魚料理の数々。本格的な和食から、ひねりを効かせた創作料理まで、どれも素材の持ち味を引き出した逸品ぞろい。その味を求め、多くの常連客が足繁く通う。職人との心地よい会話も、この店の魅力のひとつ。老舗ならではの風格の中に気さくな雰囲気を兼ね備えた『岩手川』で、地酒と料理に心ゆくまで酔いしれたい。

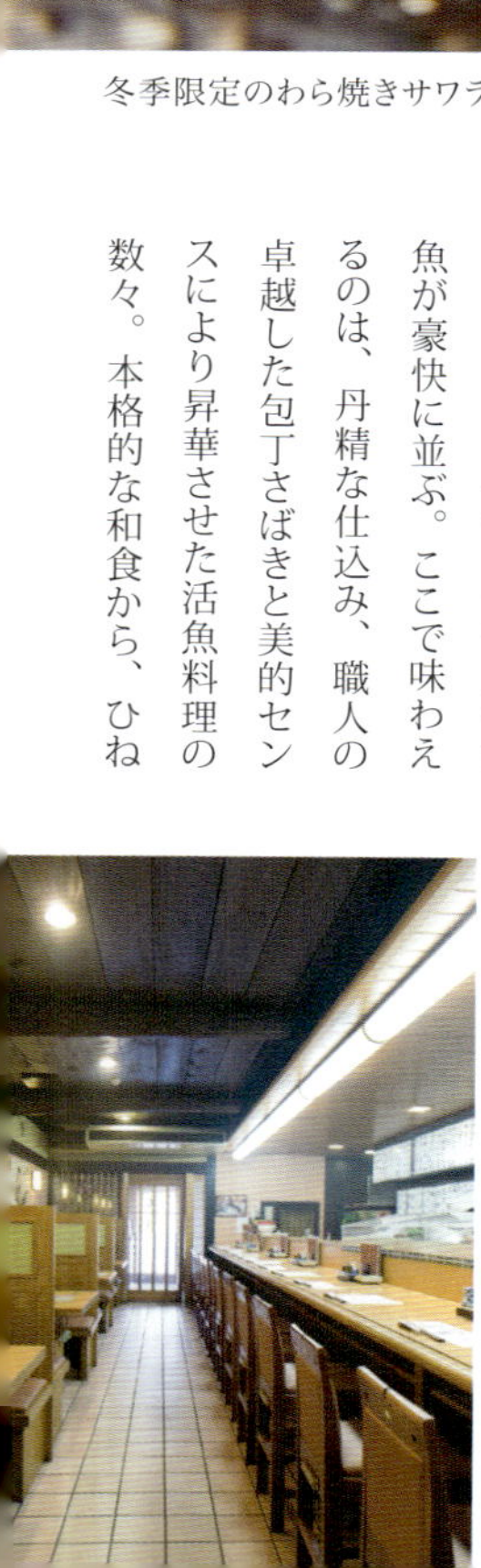

職人との会話が楽しめる1階カウンター席

1

2

4

3

1. 瀬戸内酢の物盛り合わせ 648 円。シャコやままかりなど、季節の瀬戸内の魚介 3 種が器を美しく彩る。上品でやわらかい味付けに定評があり、前菜として注文する人も多いとか。有田焼をはじめとする見事な器にもぜひ注目を
2. わら焼きサワラは、注文を受けてからわらで炙る。豪快に焼き上げるようすは圧巻の一言。夏になると、サワラの代わりに、マナガツオのわら焼きが登場する
3. 活下津井たこ踊り焼 1296 円は、タコの甘みと食感が活きた一番人気の一皿。パンチの効いた濃厚な味わいで、日本酒のお供に最適だ
4. 魚介のうま味と食感を引き出す職人の卓越した包丁さばきが、『岩手川』の味を守る

店のおすすめ料理＆酒

□造り盛り合わせ 2160 円
□厳選にぎり盛り合わせ 2160 円
□名物ピンポン 648 円
□岡山特産 黄ニラ玉子とじ 756 円
□宴会料理 4320 円〜

CARD 利用可
予約 週末は予約が望ましい
喫煙 喫煙
予算 夜 5000 円〜

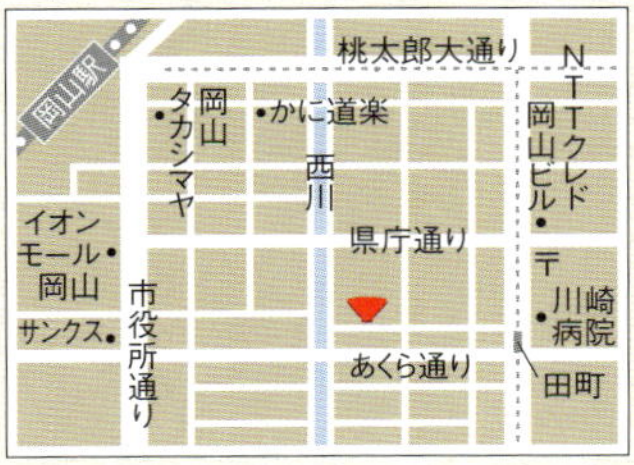

DATA

住 岡山市北区田町1-9-20
tel 086-222-6366
時 17：00 〜 22：30（LO22：00）
休 日曜、祝日
P なし ※ペガサスパーク利用で2時間無料
HP http://www.iwategawa-group.co.jp/
交 岡山電気軌道「田町」電停から徒歩5分

Staff 主任 岡本達矢さん

全国から仕入れた多彩な魚介を使った料理でおもてなしいたします。一人でも気軽に入れる気さくな雰囲気です。ぜひお立ち寄りくださいませ。

ままかり、サワラ、黄ニラなど、岡山名物が一皿で楽しめる『岡山地物入り握り』

吾妻寿司《あずまずし》 さんすて岡山店

岡山市北区駅元町

職人技が光る寿司は絶品。駅ビル内で老舗の味をぜいたくに堪能

老舗寿司店が駅ビル内に支店を出したとあって、開店当初話題となったこちら。新幹線を待つ間や帰宅前にふらり立ち寄れる気軽さから、ビジネスパーソンを中心にリピート客も多いという。人気の秘密は熟練の寿司職人による本格的な味が楽しめること。サワラやタコ、アナゴなど新鮮な地ネタを使った握りをひと通り楽しめる「岡山地物入り握り」２９００円は一皿でいいとこどりができる人気メニューだ。岡山名物のばら寿司、ままかりなども好評で、ばら寿司に黄ニラを入れたアレンジメニューや、アテにぴったりの「ままかり酢」６５０円などもある。地ビールや地酒など、寿司類と相性の良いアルコールもとりそろい、価格もリーズナブルだ。持ち帰り用のメニューも充実しているので、お土産の確保もお忘れなく。

改札を出てすぐ、の絶好のロケーション

1. 常時14種ほどの具材が入る岡山ばら寿司は食べごたえ十分。タイの昆布じめや藻貝はこちらならではの具材なので、よく味わって。それぞれの具は下ごしらえに手間がかかっている分、しょうゆなどで味をつける必要はない

2. 銀色に光る腹は鮮度の高さの証。見た目と酢の香りのダブル効果で食欲をそそる。ままかりは握り寿司にもしてもらえる

3. 店長イチオシ、「さけひとすじ」はきびを原料にした焼酎。珍しさも手伝って人気の銘柄

4. ガラス張りの店内にはカウンターがL字型に配置されている。明るい雰囲気なので、通りがかりの一見客でも入りやすい

✿ 店のおすすめ料理&酒

- □岡山地物入り握り 2900円
- □岡山ばらずし（お椀付き）1620円
- □黄ニラばらずし（お椀付き）2900円
- □ままかり酢 650円
- □さけひとすじ 700円

CARD 利用可
予約 不可
喫煙 禁煙
予算 1000円～

DATA

住 岡山市北区駅元町1-1 さんすて岡山2階
tel 086-227-7337
時 11：00～21：30（LO） ※売り切れ次第閉店
休 無休
P 提携駐車場あり
HP http://azumazushi.ecgo.jp/
交 JR岡山駅直結

Staff 店主 安田誠治さん

岡山名物のままかりやばら寿司をお楽しみいただけるほか、職人たちの技が光る新鮮な地物を使った握りも豊富に取りそろいます。ぜひご賞味ください。

料理 ごう原《はら》

岡山市北区磨屋町

目の前で調理風景を見られるのも醍醐味
季節を先取りする一品に人気が集まる

日替わりのおすすめ料理からセレクトした一品の数々。河原さんが手書きする日替わりは、常に約50種類

駅前で表町からも近くアクセス良好

オープンは昭和63（1988）年、良質の材料を使ってリーズナブルな料理を提供する割烹料理店。

基本的に、料理は注文を受けてから作り始める。「目の前で自分が注文したものが作られていく工程を見るのが楽しい」と、客の間でも評判だ。「料理しているところを見て注文される方も多いんですよ」と店主の河《ごう》原《はら》さん。作っている姿を見せるのも、顧客サービスの一環と考えている。

食材は、魚については近海ものが中心。野菜はいろいろなところから仕入れる。特にトウモロコシ、ソラマメ、タケノコは出始めを使う。タケノコは鹿児島のものを12月の半ばから仕入れるなど、季節を先取りした料理を追求。食ありきで酒を飲まない客が多いのもこの店の特徴だ。「常に新しいことを考えて、飽きない料理を提供し続けたいですね」と、こだわりを見せる。

1.「鮑（あわび）のきもしんじょう椀」1300円。季節の貝類をメインに使った椀物。アワビが、季節によってはカキやアサリになることもある

2.カウンター10席と奥の座敷11席だが、金・土曜は予約がなければまず座れないので、必ず予約を。カウンターに座ると店主の料理風景が近く、よく見えて興味深い

3.「鯛（たい）のうに巻サラダ風」1200円。その日に仕入れた白身の魚を使ったメニューで、女性に人気。のりのジュレもそえていただく

4.「甘鯛の蒸し物」1600円。店主が大好きなアマダイを使った料理は、蒸し物のほかにも、煮物、焼物など、台風のとき以外は必ず置いているというおすすめのメニュー

✿ 店のおすすめ料理＆酒

- □黒毛和牛あみ焼き 2700 円、（小）1800 円
- □しゃこ焼売 750 円
- □穴子の蓮蒸し 1400 円
- □悦凱陣(香川／1 合) 680 円
- □九平次(愛知／1 合) 800 円

CARD 利用可
予約 予約可、金・土曜は要予約
喫煙 カウンターの一部が喫煙
予算 夜 5000 円～ 7000 円

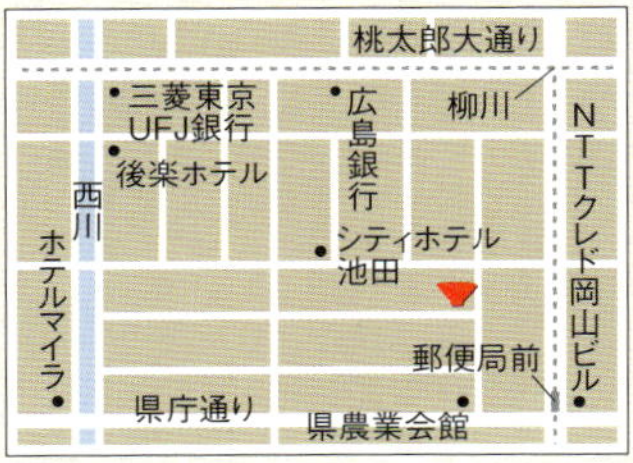

DATA

住 岡山市北区磨屋町7-14
tel 086-223-2629
時 17：30 ～ 22：00
休 日曜
P なし
交 岡山電気軌道「郵便局前」電停から徒歩5分

Staff 店主 河原《ごうはら》 昇さん

自分で飲んでおいしかったもの、お客さんから人気があるものなど、日本酒は全国から20銘柄そろえています。お料理とともに楽しんでください。

魚介を中心とした素材の本格的な日本料理。宴会やパーティは予算に応じてオーダー可能

寿司・割烹

岡山市北区下伊福

喜怒哀楽《きどあいらく》

家族から宴会まで、持ち帰りも重視
鮮度と健康にこだわる和モダンの店

「喜んでいただけ 怒りもなごみ 哀しみうすれ 楽しかったといわれたい」の気持ちをもって常にお客様をお迎えするというこちら。昭和50（1975）年創業だが、店構えはカジュアルで気軽さを前面に出している。魚介は瀬戸内や近海ものを中心に毎日仕入れ、鮮度を何よりも大切にしている。地産地消にこだわった食材から手づくりの酢やしょうゆといった細部に至るまで手を抜かない姿勢が職人気質を感じさせる。和食の店には珍しい「ドライブスルー」は気軽に巻寿司一本から頼めるとあって、岡山を代表する郷土料理「岡山ばらずし」や「ままかりの押寿司」などのテイクアウトも人気だ。割烹は子ども連れには敷居が高いが、こちらはおむつ替えや授乳ルームを完備し「ぜひお子様の食育にも、職人がつくる料理を」と徹底している。

路地を少し入った和風カフェのような外観

1

2

4

3

1. テーブル席や座敷席のほかカウンターもあり、お一人様から大人数グループまで、多彩な空間で料理を楽しめる。アレルギー対応や授乳室完備など、子連れでも気兼ねなく食事を楽しめる配慮も。気さくなスタッフが笑顔で迎えてくれるアットホームさも人気の理由
2. 岡山の郷土料理「ばら寿司」1500円は、持ち帰りはもちろん保冷パックで全国配送も行っている
3. 冬の味覚、カニはそのときどきで仕入れる産地が異なる。忘年会などのコース料理に欠かせない一皿でもある。このほか、かにすきなど鍋料理もあり、冬の名物メニューとなっている
4.「ままかり」も人気メニュー。焼き酢漬け、生酢漬け、寿司から好みで選べる

店のおすすめ料理＆酒

□昼限定 旬彩御膳 2600円
□岡山ばらずし 1500円
□おまかせ会席 4000円～（週末は要予約）
□祝い膳（13品～）7000円～
□奇跡のお酒（一合）810円

CARD 利用可
予約 会席料理は要予約
喫煙 分煙
予算 夜2500円～、昼1300円～

DATA

住 岡山市北区下伊福2-9-21
tel 086-254-4455
時 11:00～14:30、17:30～22:30
(日・祝17:00～22:00)
ドライブスルー 10:30～20:00
休 月曜（祝日の場合は営業、翌火曜休）
P 80台
HP http://www.kidoairaku.co.jp/
交 岡山駅西口から徒歩20分

Staff 店主 遠藤直人さん

カジュアルでリーズナブルに、お子様連れのご家族にも割烹を楽しんでいただきたいです。また大宴会も対応できますので、ぜひ大勢様でお越しください。

月替わりの「もみじ会席」では、先付け、前菜、刺身、椀物、焼き物など、季節の味覚満載の全8品が並ぶ

割烹 司《つかさ》

岡山市北区表町

「魚島横丁」の老舗割烹で、真心こもった季節の味を肩肘張らずに

四季折々の瀬戸内の幸が味わえる「魚島横丁」に店を構え、半世紀以上にわたって岡山の日本料理を牽引してきた老舗。祖父の代が築いたこの名店を、平成26（2014）年6月より孫にあたる小川潔さんが引き継ぎ、新展開を見せている。もともと高級店でやや手の届きにくかったこちらの味を、「時代が求めるスタイルで提供したい」と手頃な価格帯に一新。看板メニューを「もみじ会席」5076円に絞り、気軽に立ち寄れる店へと生まれ変わった。とはいえ、伝統的な手法や上質素材への妥協は一切なく、昔と変わらぬ業者から選りすぐりの食材を仕入れ、細やかな手仕事と素材のうま味を幾重にも掛け合わせる匠の技で、割烹ならではの贅《ぜい》を尽くした品を堪能させてくれる。接待や法事向けなどの格式高い料理も要予約で対応可能だ。

創業時から変わらぬ、重厚な店構え

1

2

4

3

1. 創業時から人気の「穴子のちそ巻き」1620円をはじめ一品料理も用意。つまみながら軽く一杯、なんて使い方もOK
2. カウンターは15席、2人から利用できる個室は4部屋、最大18人収容できる大部屋は1部屋ある。女子会やママ会など、気軽な集まりにも使える
3. 店主の小川さんは歴代の板長が作り上げてきた味を守り、日々ひたむきに料理へと向き合っている。昔馴染みの客人も顔をほころばせて来店するとか
4. ある月の会席の一品「カツオのステーキ」。香味野菜をほんのり効かせたカツオの漬けを香ばしく焼き、ポン酢でいただく。まろやかさと酸味のバランスが絶妙

店のおすすめ料理&酒

□もみじ会席 5076円
□楓会席 7020円（要予約）
□司会席 8964円（要予約）
□黄ニラと海老の掻き揚げ 918円
□日本酒 648円〜

CARD 利用可
予約 司会席・楓会席は要予約
喫煙 分煙
予算 6000円〜

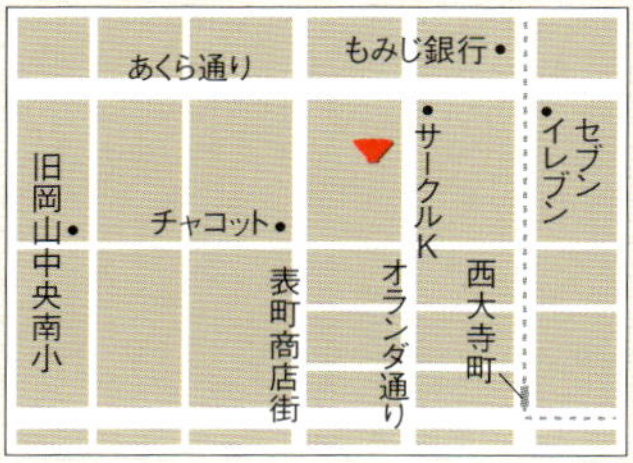

DATA

住 岡山市北区表町2-6-16
tel 086-232-8288
時 17：00 〜 22:30（LO22：00）
休 日曜（月曜が祝日の場合、前日の日曜は営業、月曜は休み）
P なし
交 岡山電気軌道「西大寺町」電停から徒歩3分

Staff 店主 小川 潔さん

お一人で気軽に、皆様で宴会にと、さまざまなシチュエーションでお使いください。お昼も、まとまった数の会席料理は要予約でお受けいたします。

季節のコースの一例

味膳《あじぜん》

岡山市北区柳町

素材にこだわり、本当のおいしさを追求。目利きの店主が全国から集める旬の味

京都で修行時代を過ごし、地元岡山の割烹の店で料理長を務めた後、7年ほど前にこちらを開店させたという店主の西原さん。長年の経験と鋭い勘を持つ目利きでもあり、素材選びに妥協は許さない。買い付ける食材は、どれも抜群の質と鮮度を誇る一級品ばかりで、本当にいいと感じたものだけを選んでいる。その先にあるのは料理を楽しむ客であり、喜んでもらえるものを作ろうという心意気を感じる。伝統的な割烹料理を得意としながらも、常連客の求めに応じて家庭的なものも出すというフランクな一面も。酒類も日本全国から選りすぐっており、米どころの新潟や北陸地方の人気銘柄を中心に全国の酒・焼酎が取りそろう。敷居が高く庶民には縁遠いと思いきや、コースは7560円からあるので、気負わずに出かけてみて欲しい。

入口までのアプローチは和風なしつらえ

1.「焼き松茸」は香り高く、秋の味覚を存分に味わえる一品。岡山産の松茸の巻き焼き、瀬戸内産クルマエビの塩焼き、岡山県産の落ちアユの塩焼きを盛り合わせて
2. カウンターは9席。座敷席もあり、2～16人まで利用可能
3. 店主の西原さんは京都と地元岡山でキャリアを積んだ料理人。「うまいもの」にこだわり、そのときどきの最上質の食材に目を利かせている。豊富な銘柄が取りそろう酒類のセレクトもファンを引きつけてやまない
4. 桂花陳酒カクテルを食前酒として。栗の渋皮煮、レンコンせんべい、イチョウの丸十、稲穂の唐揚げ、そば松葉などを盛り込んだ八寸を先付として、コースのスターターに

店のおすすめ料理&酒

□コース 7560円
□コース 10800円
□コース 16280円
□クエ鍋コース 18000円（要予約）
□洗心（久保田）一合 1000円～

CARD 利用可
予約 前日まで要予約、当日は相談
喫煙 喫煙
予算 夜 7560円～

DATA

住 岡山市北区柳町1-9-19
tel 086-237-2589
時 11：30～14：30（5人以上の予約のみ営業）、17：00～23：00（予約制）
休 日曜
P 2台
HP http://www.ajizen.jp/
交 JR岡山駅から徒歩9分

Staff 店主 西原道典さん

堅苦しい店ではないので、お酒を飲みながら料理を楽しんでください。素材のことや、食べ方など、わからなかったら遠慮なくきいてくださいね。

コラーゲンたっぷり、フカヒレとスッポンの鍋は冬季限定のメニュー

お料理 祥雲《しょううん》

岡山市北区天神町

料理とお酒を味わいながら、大切な人との時間を楽しむ

本瓦を使った外壁が目を引く

京都の老舗料亭など県内外の名店で研鑽を積んだ店主が、平成26（2014）年秋に開いたばかりの新しい料理屋。日本料理の技術と心を最大限に活かしながら、ワインやチーズなど海外産の食材にも目を向け、和食というカテゴリーにとらわれない料理の新境地を切り開いている。献立にもブロッコリーなどなじみのある野菜と湯葉を合わせるなど、和と洋のマリアージュが楽しめるものを多数用意。奇をてらいすぎず、ほどよく創作料理の要素が織り交ぜられているのは磨き抜かれたバランス感覚ならでは。酒類も豊富なので、料理に合わせてチョイスしたい。店名の「祥雲」とは、吉事を知らせる雲のこと。そこには「来店客に良いことが訪れるように」という店主の願いが込められている。美食・美酒を大切な人と心ゆくまで味わえたら、それはまさに吉事の始まりではないだろうか。

3

2

1

4

1. カウンター5席のほか、座敷が2部屋。最大席数は22席で、行き届いたおもてなしを心がけている
2. お椀は季節ごとの旬の素材を味わえる。冬場はハマグリの吸い物で、昆布とかつお節のだしにハマグリそのもののうま味がプラスされて美味。ひと口ごとに、心身ともに癒やされていくような味を楽しめる
3. 「美星牛の炭火焼き」も、コース料理の一皿として出される。ソースは岡山特産のウドゴボウのなかでも香りの高いものを選り抜き、長時間ゆでたものをみそと合わせて甘辛く仕立てたもの
4. 甘酸っぱい味付けの「セコガニの土佐酢ジュレがけ」はコース料理の中盤でお口直しとして出される

店のおすすめ料理&酒

□おまかせコース 7020 円
□おまかせコース 8925 円
□おまかせコース 1 万 2960 円（前日までに要予約）
□こだわりの日本酒（一合）700 円～

CARD 利用可
予約 当日も可（一部コースを除く）
喫煙 分煙
予算 夜 8000 円～、昼 3780 円～

DATA

住 岡山市北区天神町5-9　グランヴェール天神1F
tel 086-212-0430
時 11：30～14：00（LO13:30／昼は5人以上の予約のみ）、17：30～22：00（LO20:30）
休 不定休　P なし
HP http://www.shoun-okayama.com
交 岡山電気軌道「城下」電停から徒歩5分

Staff　店主 秋山宜之さん

美味しいお料理とお酒をゆっくり味わえる空間です。ご夫婦や恋人同士、ご家族での会食など大切な人と過ごす時間を心ゆくまでお楽しみください。

会席では、サワラとタコの造りの盛り合わせや揚げ物、炊き物など全10品が楽しめる

割烹 美作《みまさか》

岡山市北区田町

本家本元の「サワラのタタキ」と、四季折々の日本の恵みを満喫する

名店が軒を連ねる岡山市北区田町に店を構えて43年。「サワラのタタキ」発祥の店として名を馳せるこちらは、創業時珍しかった「お座敷カウンター」で四季折々の郷土料理が楽しめる老舗。靴を脱ぎ、くつろぎながら女将と若女将のおもてなしとともに味わう料理は格別で、今も昔も多くの客人で賑わっている。細やかな手仕事が光る京会席と、旬の海の幸が並ぶ郷土料理会席のほか、冬季は鍋物も用意。料理を引き立てる名脇役のタレやぽん酢も手作りされ、特にぽん酢は数か月も熟成させたまろやかな味わいが格別だ。素材のうま味を引き立てる調味料もゆっくり味わってほしい。またアルコールも県内外のものをそろえていて、時には山口産「獺祭」といった珍しい銘柄が並ぶことも。どんな出合いがあるか楽しみにして足を運んで。

優しい灯りが照らし出す風格のある玄関

1

2

4

3

1.「酒肴盛り合わせ」(2人前)3000円～。カキ、栗、さつまいもなど、旬の味覚をあてに一献傾けて。会席にはこれを小さくした八寸がつく
2.「お座敷カウンター」は料理とともに隣人との何気ない会話も楽しめる粋な空間。2階には2人から利用できる個室と、3階には最大70人収容できる広間もある
3.素材のうま味を閉じ込めるように陶板で焼き上げる、人気の一品「美作焼き」2700円。県産の牛ヒレ肉は柔らかな食感と風味のよさは格別
4.板長の宮坂啓太さん。料理の味はもちろん、盛り付けにもこだわり、季節の草花をあしらって四季折々に趣向をこらしている。華やかな一品をまずは目で楽しんで

店のおすすめ料理＆酒

□京会席 7020円～
□郷土料理会席 9180円～
□鍋物 5940円～
□カウンター限定「お手軽会席」5400円
□アルコール 600円～
※サービス料（各10%）別途

CARD 利用可
予約 会席料理・鍋物は要予約
喫煙 喫煙
予算 1万円～

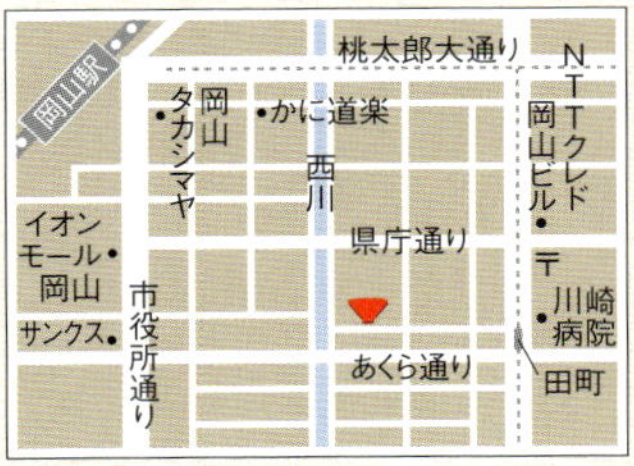

DATA

住 岡山市北区田町1-9-6
tel 086-222-3213
時 17：00 ～ 23：00
休 日曜
P 6台
HP http://www.k-mimasaka.com/
交 岡山電気軌道「田町」電停から徒歩5分

Staff 若女将 芦田香奈子さん

ご家族の行事や記念日などにぜひご利用ください。小さなお子様連れも大歓迎です。営業時間外も10名様から予約があれば対応いたします。

サクサクの衣をまとう特製ビーフカツ。ベシャメルソースに豚の角煮の煮汁を加えたソースが肉のうま味を引き立てる

楽旬菜 佐《さ》とう

岡山市北区京橋町

岡山の食材が持つ妙味を手間暇惜しまぬ技で引き出す

「岡山には、瀬戸内の魚をはじめ、おいしいものがたくさんある。そうした食材を活かすため、手間暇を惜しまず作っています」とは店主 佐藤さんの言葉。ここでは、時季ごとの瀬戸内の魚介に加えて岡山牛、旬の地産野菜といった、まさに岡山ならではの極上の食材がそろう。素材そのものが持つうま味を最大限に引き出すため、その扱いにも細やかに神経をつかう。例えば牛ヒレ肉。客が来店する30分前には冷蔵庫から出し、常温にもどしておく。そうすることで肉の脂と赤身がなじみ、口に入れた瞬間、ジワッとあふれ出る肉汁が口いっぱいに広がるという。食を通じて、岡山のいいものを伝えたいという佐藤さん。「おまかせ料理」では、その日の仕入れによって変わるおすすめを織り交ぜながら、満足以上の驚きを感じさせてくれるだろう。

静かな路地に佇む隠れ家的雰囲気の店

1

2

4

3

1. しそじゃこ御飯。濃い口しょうゆと酒、みりんで甘辛く炊いた風味豊かなじゃこの佃煮は、完成に2日かかる。白御飯と刻んだ大葉をまぜて格別の味わいに
2. 小芋エビあんかけ。中にはだしで炊いた里芋の唐揚げ、上には車エビ、ユリネ、ぎんなんをのせてあんをかけた彩り鮮やかな一品。吉野葛を使ったあんにだしのうま味が凝縮される
3. モダンな空間の店内には、カウンター8席のほか、くつろいで食事を楽しめる掘りごたつ式の和室や、洋室(2～10席)もある
4. サワラのたたき。岡山で愛されるサワラは、シンプルな調理法で素材の味を活かす。美しい焼き目が印象的で、魚を熟知した目利きぶりを堪能できる。県外の客人にもおすすめ

店のおすすめ料理&酒

- □おまかせ料理 6480円～1万800円
- □しそじゃこ御飯 864円
- □持ち帰り用 山椒じゃこ 2160円
- □碧天 純米大吟醸（一合）1512円
- □暖雪 純米吟醸（一合）972円

CARD 利用可
予約 前日までの予約が望ましい
喫煙 一部禁煙
予算 夜7000円～

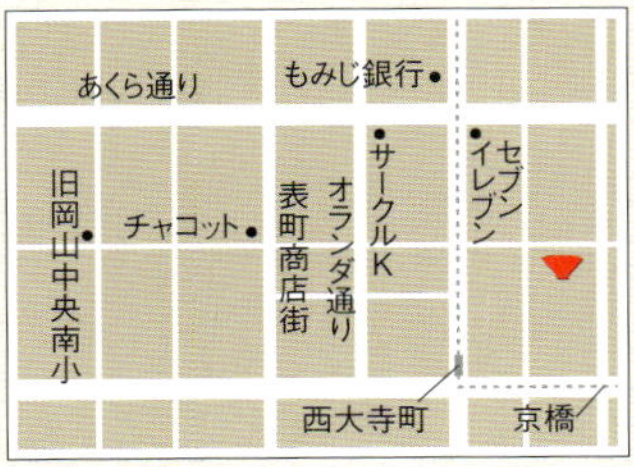

DATA

住 岡山市北区京橋町2-5
tel 086-239-0031
時 17:30～23:00(入店は～21:30)
休 日曜、祝日
P 3台（要予約）
HP http://satou.enetde.com/
交 岡山電気軌道「西大寺町」電停から徒歩3分

Staff 店主 佐藤宗久さん

お客様に喜んでいただけるよう、一皿ひと皿を丁寧に作ることを心掛けております。おひとり様でもお気軽にお越しください。

新鮮な魚介のネタはどれも大ぶりで、寿司飯が見えないほど。生黄ニラの寿司はこちらならではの名物

味乃鮨 車《くるま》すし

岡山市北区表町

元祖生黄ニラ寿司や芽ネギなど野菜のネタで有名な江戸前にぎりの店

表町のアーケード商店街と新西大寺筋が交差する「時計台」広場からほど近い、千日センター通りにある、カウンター席のみの寿司店。店を切り盛りするのは毛利さん夫妻。昭和47（1972）年の創業以来、夫婦二人三脚で変わらぬ味を提供し続けてきた。店主のこだわりは、江戸前寿司。大きなネタの寿司がバラン（葉蘭）に盛られていく様は豪快そのもので、魚介類のほかこちらの名物・生黄ニラや芽ネギの寿司も次々並ぶ。特に生の黄ニラの寿司をいただける店は珍しいので、ぜひ賞味したいところ。このほか、絶品と言われる茶碗蒸しや、珍しい生板《せいばん》焼きなどもおすすめ。気さくで温かいオーナー夫妻との会話も店の魅力の一つだ。二人の人情に触れたら、また訪れたいと思わずにはいられないのである。

時計台からすぐの千日センター通りにある

1

2

4

3

1. 生板（せいばん）焼きは、魚介類のバター焼きで、シンプルながら変わったおいしさが人気。アワビの貝殻にタイラギ貝の貝柱にきゅうり、イカ、エビなどを入れて火を入れる。香りがよく、見た目も食欲をそそる一品
2. 鮮度の高い刺身は季節によって内容が変わる。秋・冬はサワラやタイなどが美味
3. 酒一筋　赤磐雄町の吟醸生 300mL ボトル 1200 円。こちらの寿司とも好相性の酒で、冷酒でいただくのがおすすめ
4. カウンターは 10 席ほどで、毎夜一番乗りの客が中ほどを陣取り、続く客が端から座っていく格好。和気あいあいとした雰囲気で、親子五代にわたる常連客がいるというのもうなずける

店のおすすめ料理＆酒

- □上にぎり 1800 円
- □生板焼き 2000 円〜
  （季節・具材によって異なる）
- □お造り 1600 円〜
- □赤磐雄町（吟醸生／300mL ボトル）
  1200 円

CARD 利用可
予約 2日前までに要予約
喫煙 禁煙
予算 5000円〜

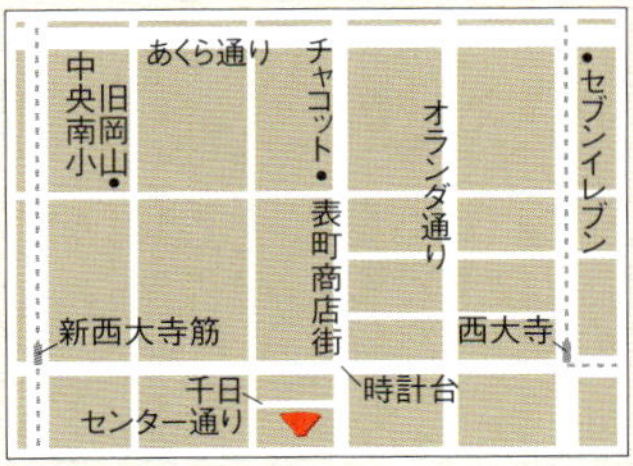

DATA

住 岡山市北区表町3-12-12　千日センター通り
tel 086-231-6585
時 17：00 〜 24：00（LO23：30）
休 日曜
P なし
交 岡山電気軌道「新西大寺町筋」電停から徒歩5分

Staff　店主 毛利 廣さん

芽ねぎは40年前から、黄ニラの寿司は25年ほど前からの定番です。魚介の寿司も大きなネタでたっぷり味わっていただけます。ぜひご賞味ください。

日本料理　あおい

岡山市中区中納言町

伝統の中に若い感性が光る新しい和食を　カウンター席で気軽に楽しむ

初冬の八寸には自然薯やマイタケや水菜、イクラなどが盛り込まれる

沿道には看板があり、見つけやすい

金沢での修行時代の後、イタリアで公邸料理人を2年半務めた店主が平成20（２０１０）年に開いた和食の店。座席はL字型のカウンター席のみというスタイルだが、出される料理は正統派の日本料理だ。昼はミニ懐石、夜は品数や内容の異なる３種の懐石を用意。食材を厳選し、丁寧な下ごしらえと繊細な調味で一皿ずつ心を込めて渾身の一品に仕立てる。盛り付けるのは、磨き上げた審美眼でセレクトしたこだわりの器。陶磁器や漆器などなかには１００年はゆうに超えるという古いものも。器も含めての盛り付けの美しさが、料理の味わいを一層引きたてている。最近では洋風の素材を使い、創作料理の要素を取り入れた和食も珍しくないが、できるだけ和の素材を使いたいと言う店主。伝統の中に若い感性とセンスが光る新しい和食を心ゆくまで楽しみたい。

1. 店主の古家さんは若手ながら、海外経験もある料理人。大の器好きでもあり、いいものを見かけると入手してしまうのだとか。希少なものを惜しげもなく盛り付けに使うのは、料理を楽しんでもらいたいという気持ちから
2. 蓋をとったときに柚子の香りを楽しめる初冬の煮物椀。椀ものはコースでは2品目に出される
3. ズワイガニと白菜とアワビタケのおひたしは「畑のキャビア」とも呼ばれるトンブリをのせて。割り山椒の器で季節を感じながらいただこう
4. カウンターは9席ほどでこじんまりとしている。店主が調理する姿も間近に見ることができ、肩肘張らずに日本料理を味わえる

店のおすすめ料理＆酒

□お弁当 1940 円
□点心 2700 円
□夜懐石 5940 円（当日正午までに要予約）
□ビール、日本酒、白ワインなど各種　700 円〜

CARD 利用不可
予約 当日も可、夜はコースによって前日までに要予約
喫煙 禁煙
予算 夜 7500 円〜、昼 2500 円〜

DATA

住 岡山市中区中納言町5-9 LAB La CORE 中納言1F
tel 086-272-5066
時 11：30 〜 14：00（LO13：30）、18：00 〜 21：30（LO20：00）
休 月曜
P 3台
交 岡山電気軌道「中納言」電停から徒歩5分

Staff　店主 古家達洋さん

看板が気になってふらっと来店されるお客様もいらっしゃいます。カウンター席で気軽にご利用いただけますので、一度いらしてください。

ここでしか味わえないお祝いの席に開運を呼ぶ縁起の良いれんこん料理の数々

仏教茶屋　慈恩精舎《じおんしょうじゃ》

岡山市中区米田

こだわりの安心食材を多彩に創作。大人の隠れ家で堪能するおもてなし料理

閑静な郊外の一角に構える純和風の店構え、庭の小さな地蔵など、仏教茶屋の名前の通り尼僧で女将の貞賢さんの想いが詰まった料理屋である。仏の教えをあらわす蓮を料理した「れんこん会席」は「見通しが良くなる縁起の良い野菜れんこんで心も身体も幸せになってもらいたい」と願いを込めた。「食は命を育むもの」そんな観点から安心・安全の食材を地産地消で得るために努力を惜しまない徹底した姿勢が格別の料理を生む。季節の旬の野菜を使った「お野菜会席」は、自然栽培米、卵は有精卵、野菜はすべて岡山産のこだわりを尽くした究極の健康会席といえる。希望すれば予約制（5名以上）で本格精進料理をいただくことも。陽光降り注ぐ気持ちのよい店内は静けさの中に、心のこもる温かいおもてなしと体が喜ぶ料理が楽しめる。

喧騒から離れた静かなたたずまいが魅力

1

2

4

3

1.「お野菜会席」の選べるご飯は、創作野菜にぎり寿司や、栗ご飯や松茸ご飯など季節ごとに用意され、安全で新鮮な食材が詰めこまれている
2. 鮮度の高い健康な野菜は体の免疫力を高め、気力を充実させてくれるという。心と身体を自然と回復させる豊かな食事がここにはある
3. 名物のれんこんを使った「手延べれんこん麺」は、もちもちした食感とのどごしの良さが人気のオリジナルメニュー
4. 四季折々が楽しめる庭園、隠れ家のような静けさのある一軒家。店内は椅子席のほかに予約制で2人から最大60人まで人数に応じた個室の用意が可能

店のおすすめ料理＆酒

□名物　開運れんこん会席「蓮の舞い」4500円
□お野菜会席 1860円〜
□季節の会席料理 5500円〜
□岡山地酒「極聖」(一合) 840円

CARD 利用可
予約 土日祝、夜は予約制
喫煙 禁煙
予算 夜4000円〜、昼／2000円〜

DATA

住 岡山市中区米田26-5
tel 086-278-1555
時 11:00〜15:00 (LO14:00)、17:00〜21:00 (LO19:00)
休 月曜 (月曜が祝日の場合は営業、翌日休み)
P あり (無料送迎バスあり)
HP http://www.renkon.co.jp/
交 JR山陽本線東岡山駅から徒歩15分

Staff　田中さん(左)、料理長 富田さん

食べる方の健康を守り、子どもたちに良質な食を提供したいとスタッフ一同強い気持ちをもってお料理を出しております。ぜひお立ち寄りください。

北大路魯山人の織部には、サバの棒寿司、車エビの甘酢漬け、ふきのとうの天ぷらと美しい盛り付けが光る

日本料理 雅《みやび》

岡山市中区長岡

料理は一期一会。記念日を華やかに彩る心尽くしのおもてなし

京都の『貴船　右源太』や『高台寺茶寮』で腕を振るっていた武井さんを料理長に迎えて平成21（2011）年に開店した。「慶事のお手伝いを」との想いが、食材の質、味、盛り付け、器、景観に至るすべてに行き渡り、記憶に残る記念日を演出する。瀬戸内の魚を基本に、野菜は京都や岡山をはじめ全国から旬の食材を取り寄せる。京都で培った繊細な味を岡山風にアレンジした味覚と、彩り美しく盛り付ける技が融合した一品を予算と好みに応じて作るオリジナルメニュー（完全予約制）もあり、常に極上を追求する姿勢が嬉しい。器は、陶磁器やガラス、野菜などを使い「驚きを誘う」演出を狙い、良い意味で期待を裏切ってくれる。日本酒はキレの良い辛口など様々で、麹100％の甘さが美味しい「雅のあまざけ」は和食との相性も良くおすすめ。

住宅街の一角にたたずむ日本家屋のような外観

1. アワビの肝焼きと千屋牛のサーロインステーキを魯山人の糸巻文皿で提供。裏ごししたアワビの肝をしょうゆとみりんで、サーロインは八丁味噌に漬け込んでそれぞれ焼く。京野菜の芽三つ葉といくらのおひたしを添えて

2. 魯山人緋襷の皿でいただくマグロの中トロと瀬戸内のタイのお造り。細かい部分まで精緻な細工をほどこすのが料理長の武井さん流だ

3. タイの中骨を焼いて抽出しただしを、聖護院かぶらにしっかりと染み込ませた一品。タイのおかしらとゆず、菜の花を添えて春の到来を描く

4. 落ち着いた和の空間に鮮やかな打掛が華やかさを添える。個室は2人から対応し、大人数の集まりには美しい中庭のある本館がおすすめ

店のおすすめ料理&酒

- □旬の膳（平日のみ・ランチ）1852円
- □季節のミニ懐石（ランチ）3000円
- □美食懐石 3900円
- □懐石料理「わかな」5000円
- □十八盛り(岡山県児島蔵元直送／一合) 600円

CARD 利用可
予約 完全予約制
喫煙 分煙
予算 夜5000円〜、昼1852円〜

DATA

住 岡山市中区長岡459-6
tel 086-279-3355
時 11：30 〜 14：30、17：30 〜 21：30
休 木曜日
P あり
HP http://miyabi-okayama.jp/
交 JR山陽本線東岡山駅から徒歩10分、岡山駅から車で15分

Staff オーナー 千原敬史さん

大切な記念日を、驚きと楽しさのある日本食を通じて演出いたします。オリジナルケーキやお食い初めなどオプションも様々です。ぜひご相談ください。

懐石料理「昼御膳」は、夏は牛窓の冬瓜、冬は瀬戸内の牡蠣など季節と地産地消にこだわる人気メニュー

手打ちそば処 無哀荘《ぶあいそう》 真金堂《まがねどう》

岡山市東区寺山

古き時代を垣間見るような異次元空間に職人技が活きる老舗の極上そば

清流吉井川にほど近い緑あふれる木立の奥、日本の原風景の中に菖蒲池と古民家群がひっそりとたたずむ。茅葺きの入母屋造り、見事な大屋根の入り口を通ると、昔懐かしい民家の室内とだしの香りに癒やされる。長野県八ヶ岳産の天日干しそば粉を石臼でていねいにひいた上質のそば粉で打つ麺は、つゆと絶妙に絡む細打ち。新鮮な風味を重んじたかつおと利尻昆布を関東風にじっくり煮詰めた藪系の辛汁がうまさを引き立てる。創業80年の三代目匠の腕は、料理と酒、器、すべてに精魂込めて振る舞われる。日本酒の会を始めて十数年、そばに合う辛口の日本酒は「料理をいただいてもすーっとして飲み飽きない」ものをそろえ、人間国宝の巨匠作の猪口で提供されることもあるという。豊かな自然と風情を感じてゆったりと過ごしたい貴重な店だ。

蒜山地方から移築した、約200年前の古民家（郷土文化財）

1

2

4

3

1. ひきたて・打ちたて・ゆでたてを信条としたそば。あぶった鴨と炒めた白ネギとともに香り高いつゆでいただく「鴨せいろそば」1780円は絶品
2. ホロホロと柔らかく煮た北海道にしんの甘露煮をかけそばに豪快にのせた「にしんそば」1280円。たっぷりの青ネギは岡山産
3. だしをたっぷり使った「蕎麦屋のだし巻き玉子」500円は日本酒に合うと評判の一品。そばや料理に合う日本酒は辛口がメイン。真金堂オリジナルは特におすすめ
4. 店内は囲炉裏や梁のある高い天井が広々として心地いい。窓外には築200年の広間型三間取りの農家と、菖蒲池に建つ明治中期の船頭小屋や掃き清められた庭園が広がる

店のおすすめ料理&酒

- □いなかそば 980円
- □もりそば 850円
- □鴨せいろそば 1780円
- □昼の懐石「昼御膳」2500円（要予約）
- □夜のそば懐石 5000円（要予約）
- □日本酒 真金堂（大吟醸／一合）1200円

CARD 利用可
予約 懐石料理は2日前までに要予約
喫煙 禁煙
予算 夜5000円〜、昼780円〜

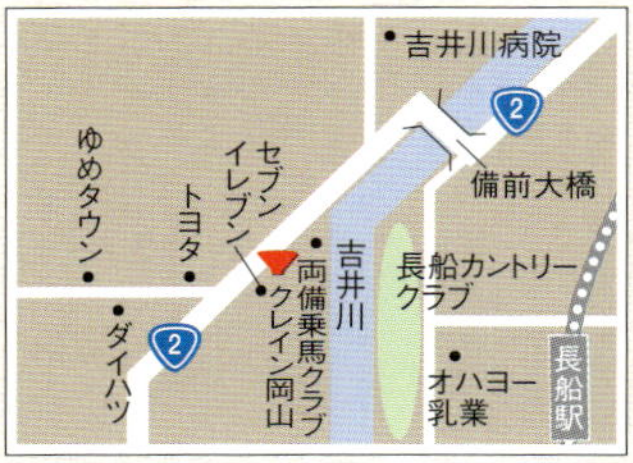

DATA

住 岡山市東区寺山154-1（両備ガーデン内）
tel 086-297-8678
時 11：00～15：00、夜は2日前までに要予約（18：00～21：00）
休 水曜
P 50台（両備ガーデン駐車場利用）
HP http://www.salvo-ryobi.co.jp/buaiso/
交 赤穂線長船駅から約2km

Staff 店主 垪《は》和《が》真金《まがね》さん

素晴らしい景観とおいしいそば、飲み飽きない日本酒、個性的で趣ある器でお迎えします。きっと幸せな気持ちになっていただけると思います。

column2

豊富な水源に恵まれた、岡山の地酒。自分らしいスタイルで楽しみたい。

◆酒米「雄町米」発祥の地

岡山県は旭川、吉井川、高梁川の一級河川（岡山三大河川）を有し、豊富な水源に恵まれていたことに加え、「雄町米（おまちまい）」に代表されるような品質の高い酒米の栽培が盛んで、古くから続く酒蔵が数多く存在します。とくにルーツが江戸時代にまでさかのぼるという「雄町米」は岡山が発祥の地。今でもほとんどの「雄町米」が岡山県産であり、土産としても「雄町米」で作った酒が重宝されています。また、優秀な酒造好適米としても全国各地で使用されており、有名酒米の山田錦の親としても知られています。地酒のほかにもさまざまなお酒が充実しています。まず岡山県は全国有数のブドウの産地であり、地元のマスカットを使用したワインが人気。さらに白桃など地のフルーツを使用したリキュール類、三大河川の伏流水をベースにした地ビールなど多様なお酒が造られています。上質な料理とともに、自分らしいスタイルで和食との相性を楽しんでみてはいかがでしょう。

水に恵まれた岡山ならではの酒類。写真はイメージ

倉敷 上等な和食

コースで味わえる料理の一例。サワラの柚庵焼きやままかり寿司、トマトのコンポートなどが載った一皿はコースの主役

浜吉《はまよし》 ままかり亭《てい》

倉敷市本町

美観地区の一画、風情ある空間で味わう、地元の幸を用いた鮮やかな品々

歴史の面影を残す、白壁の建物

倉敷美観地区の中心部にある、この土地を象徴するような白壁の建物。１８０年前に建てられた米蔵を改装した店内は大きな梁をはじめ当時の面影を残す箇所が随所に見られ、風情を感じさせてくれる。料理には、下津井のタコや寄島のサワラといった近海で水揚げされた魚介、地元でとれた野菜など、瀬戸内の旬の幸をふんだんに使用。もちろん、岡山県を代表する郷土料理「ままかり」もさまざまな調理法で味わえる。素材の持ち味を生かした繊細な仕事と、彩り鮮やかな料理に思わず笑みがこぼれそう。そして、その料理に合わせる酒は倉敷の地酒にこだわっており、ほかではあまり出合えないものも。特別なロケーションの中で堪能する、岡山・倉敷の味覚が詰まった酒食の数々。県外からのゲストのおもてなしでも喜ばれそうな、こちらならではのぜいたくな時間を楽しんで。

1. テーブル席とカウンター席のある1階からは、季節ごとに雰囲気を変える庭の景色を楽しめる
2. 下津井で水揚げされたタコと、連島産のレンコンを三杯酢のジュレで和えた一品。さわやかな味わいと、食材ごとに異なる様々な食感がたまらない
3. 「鰆（さわら）の焼霜造り」と「ままかりと大葉の糸造り」、マダイ、シマアジによるお造りの盛り合わせ。その時々の旬の魚のみずみずしい味わいを堪能できる
4. 太い梁の渡った2階では、米蔵だった当時の面影をより感じることができる。大部屋の座敷のほか、奥には少人数で過ごせる個室もあり、ゆったりくつろげる

店のおすすめ料理＆酒

- □お造り盛り合わせ 1800円
- □自家製豆腐まんじゅう 500円
- □ままかり寿司 800円
- □白桃シャーベット 400円
- □地酒各種 600円〜

CARD 利用可
予約 コースは要予約
喫煙 分煙
予算 夜5000円〜、昼2000円〜

DATA

住 倉敷市本町3-12
tel 086-427-7112
時 11:30〜14:00、17:00〜22:00
休 月曜（祝日の場合は営業）
P なし
HP http://www.hamayoshi-kurashiki.jp/
交 JR倉敷駅から徒歩15分

Message

瀬戸内の旬の食材で工夫をこらした料理と、ほかにはあまりない倉敷の地酒をご用意しています。当店ならではの雰囲気と味をご堪能ください。

倉敷市児島

瀬戸内の味　清香《せいか》

海を知る店主だからこそ提供できる、活きのいい旬の魚介を心ゆくまで

名物のタココロッケをはじめ、焼しゃぶ、刺身、釜飯、デザートなど全９品が付く豪華な「組肴定食」

ひっそりたたずむ、隠れ家的な雰囲気も魅力

新鮮な瀬戸内の幸が味わえると、県内外から多くの客が訪れる名店。店主の岩津さんは漁師の家に育ち、素材に対する並々ならぬこだわりを持っている。例えば下津井は岡山が誇る漁港だが、どこの島の北と南のどちらで取れたものかにまで気を働かせて仕入れている。「潮の流れも違えば、どんな餌を食べて育ってきたのかも違う。素材は別物」と、海を知るからこその着眼点はさすが。そして、「生きている素材を使わなければ本当のおいしさはわからない」と、生きたまま素材を仕入れ、食べる直前に調理して提供する。店のいけすから揚げた魚介を手際よくさばいた「踊り食い」や、生きたまま網で焼く「焼きしゃぶ」など、目で見て、舌で満喫する醍醐味は格別だ。「いい素材を味わうと価値観も変わる。だから食べてほしい」と、手頃な価格帯を貫く姿勢にも感服だ。

1. 野菜ももちろん、その日の朝、土から掘り起こしたとれたてのものを使う。しゃきしゃきとした歯ごたえ、素材そのもののうま味や風味は格別だ
2. カウンター7席のほか、3～8人用の個室が5つ用意されている。仕切りを外せば最大30名まで収容できるので、団体での宴会も対応可
3. ランチに付く刺身は、サワラのタタキ、イカ、フグ、クジラなど、旬の魚介が登場する。店主オリジナルのうま味が豊かな刺身しょうゆでいただこう
4. サザエやアワビ、イイダコなどを、生きたまま豪快に網で焼く「焼きしゃぶ」。客自ら焼きながら食べるのが好評で、ランチや夜の会席にも付いている

店のおすすめ料理&酒

- □組肴定食（平日限定ランチ）1500円
- □おまかせ料理 3500円～
- □香住の生かに一杯1万円～
- □千屋牛の会席 8500円～
- □出雲大社 八千矛　一合570円

CARD 利用可
予約 予約が望ましい
喫煙 喫煙
予算 夜3500円～、昼1500円～

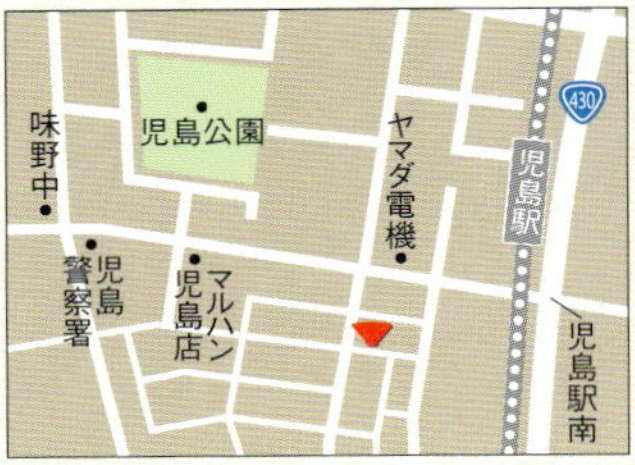

DATA

住 倉敷市児島駅前4-8
tel 086-474-1667
時 11：00～LO14：00、16：30～23：00（LO22：00）
休 木曜
P 30台
交 JR児島駅から徒歩5分

Staff　店主 岩津光彦さん

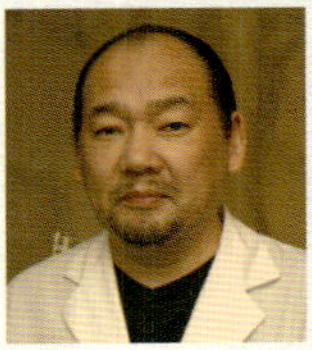

「鷲瀬風景美香心」を信条に、日々料理に取り組んでいます。生きた食材を味わうと、心が息を吹き返します。ぜひ一度お越しくださいませ。

8000 円の会席の一部。内容はその時々で変更。6000 円以上のコースには肉料理をつけることができる

御膳房 指東《しとう》

倉敷市阿知

旬の魚介や野菜、上質な肉をふんだんに。丁寧な調理で素材の味を引き出す

店主自らも施したという築100年の古民家を活かした和の空間で味わえるのは、四季折々の食材を使った会席料理。春は山菜やタケノコ、冬はフグにナマコなど、山海の旬の味覚をふんだんに使用。さらには、牛肉や鴨肉などの肉料理や、冬限定のカニすきやタイしゃぶなどの鍋料理もあり、手を変え品を変え季節ごとに様々な味わいを楽しめる。魚は下処理をしっかりと施し、臭みを取り除いてから調理するなど、丁寧な仕事が素材の持ち味を一層引き出している。このためお造りはもちろん、煮魚や焼き魚もひと味違うと評判が高い。メニューには、コースのほか一品料理も約60種類と豊富に取りそろう。上質な味わいをさかなに酒を楽しみたいときや、好きなものを少しずつ味わいたいときに、満足できる一軒だ。

倉敷市中心部の細い通りにたたずむ

1

2

4

3

1. 単品でも楽しめる「牛サーロイン朴葉（ほおば）焼」。軽く炙った牛肉とひしお味噌を、朴葉で包んでじっくり焼く。牛肉の脂と甘辛い味噌がよく合う、ご飯や酒が進む味

2. サワラの炙り、剣先イカ、トロ、ヒラメのお造り盛り合わせ。どれも味と食感がしっかりしており、中でもトロは、口に入れた瞬間からとろけていく

3. 「〆鯖（しめさば）握り」や「合鴨チャップ煮」、「カキ錦糸巻き」など8品を盛り合わせた前菜。魚介に肉、野菜など、いろんな味覚を少しずつ堪能できる

4. 庭に面した座敷や、大部屋の座敷、テーブル席など、様々な席が用意されている。座敷は、会席を注文の場合を優先。顔合わせや結納、お祝いなどでもゆっくり過ごせる

店のおすすめ料理&酒

- □百合根まんじゅう 760円
- □スペアリブ柔らか煮 870円
- □煮魚 1500円～
- □牛サーロイン朴葉焼 2700円
- □燦然　黒田庄（一合）650円

CARD 利用不可
予約 当日も可
喫煙 喫煙
予算 夜5000円～、昼2000円～

DATA

住 倉敷市阿知2-14-1
tel 086-476-8830
時 11：30～14：00（LO13：30）、17：30～22：00（LO21：30）
休 月曜　※祝日の場合は翌日
P なし
HP http://www7b.biglobe.ne.jp/~gozenbo-shito/
交 JR倉敷駅から徒歩8分

Staff　店主 浦上秀生さん

会席は、3900円から用意しています。一品料理も豊富にそろえているので、「会席までは……」という時にも足を運んでください。

「てんざる」1620円。だしの効いた濃厚な甘辛つゆがたまらない。天ぷらは、車エビや野菜をごま油で揚げている

そば　さくら

倉敷市本町

濃厚なだしが店の味をつくる。昼はそば、夜は一組限定のコースを堪能

テーブルと椅子は天童木工製

倉敷美観地区のはずれで店を構えて20年のそば店。周囲の景観にとけ込む美しい外観が特徴的だ。そばは、石臼引きした粉で手打ちしており、ほどよい堅さとつるつるとした喉ごしの良さが特徴。そばの味を引き立てているのが、だしがしっかり効いた濃厚なつゆ。かつお節はたっぷり使うので、コクとうま味がひと味違うだしになる。そばのメニューはシンプルなものはもちろん、野生のイノシシをつけ汁に使った「山くじらそば」や、冬季限定の「かもなんばんそば」など、趣向を凝らした味がそろう。夜は、一組限定で予約のみの営業。上等な食材を世界中から厳選し、主菜には肉や魚、おしのぎにはざるそばと、予算や希望に応じて10数種類から30種類程度の品をコースで楽しめる。そのぜいたくな味わいは舌の肥えた著名人もうならせ、関東など遠方からはるばる訪れる常連も多い。

3

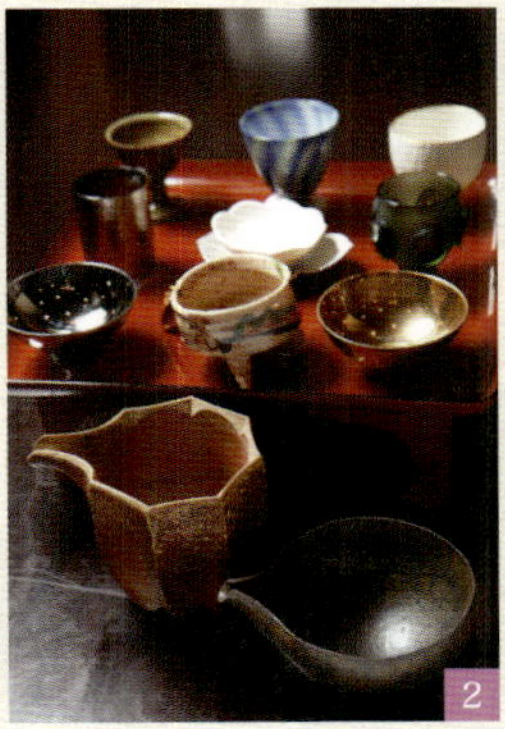
2

1

4

1. ダウンライトが照らす店内では、ゆっくり食事ができる。こだわりの天童木工製の家具や、美しい器を収めた棚、季節ごとに掛け替えられる絵画などインテリアにも注目
2. 夜の食事で使われるぐい飲みと片口の一部。ぜいたくな料理の数々と、それに合わせる酒を、日本を代表する作家の作品で楽しめる
3. 「玉子焼」660円もこちらの人気の品。有精卵とだし汁を合わせてふっくら焼き上げており、だしのしっかりとしたうま味と玉子の甘みがあふれ出す一品。持ち帰りも可能
4. 倉敷美観地区の町並みにとけ込む白壁の建物。昼はそばのほか、丼ものや酒のさかなもあり、昼時ともなれば多くの人がこの店ならではの味を求めて足を運ぶ

店のおすすめ料理＆酒

□鴨汁そば 1520円
□からみおろしそば 1000円
□スパイシーカレーなんばんそば 1230円
□焼きのり 560円
□荒走り（純米）820円

CARD 利用可
予約 昼は予約可、夜は要予約
喫煙 一部禁煙
予算 夜～2万円(予算応相談)、昼770円～

DATA

住 倉敷市本町10-6
tel 086-421-5888
時 11:00 ～ 16:00　※夜は予約のみ
休 月曜
P なし
交 JR倉敷駅から徒歩15分

Message

厳選した食材で工夫を凝らし、昼はそばと丼もの、夜は一組のお客様だけのコース料理をお作りしています。ほかにはない味わいをご堪能ください。

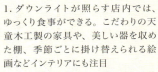

酢みそでいただく「ずわい蟹（がに）のかぶら巻」など。季節の味覚をふんだんに使った懐石は、月に２回程度内容が変わる

割烹　山部《やまべ》

倉敷市鶴形

旬の幸が織りなす鮮やかな料理の数々。心地よい時間も割烹ならでは

かつて緞通（だんつう＝手織りの敷物）の工場だった築80余年の土蔵を活かしたこちら。倉敷市内で居酒屋を営んでいた店主が、ゲストからの「この味を接待や特別な日にも味わいたい」との要望に応え、割烹料理店をオープンさせた。行き届いた接客も心地よく、ゆっくりと食事や会話を楽しむことができる。主な料理は、「烏城」や「天領」といった岡山・倉敷にちなんだ名前のつけられた懐石。使われている素材も、魚介は瀬戸内海など近海のもの、野菜は地元岡山産と京野菜が中心。冬はスッポンやカニ、春は山菜と、旬の味覚を豊富に取り入れ、夏には涼感のあるものをそろえるなど、季節を敏感に察知して食材選びや調理法に気を配っている。素材の良さを活かした味付けと、繊細な盛りつけに、思わず感嘆の声が上がりそう。

築80年以上の歴史の趣を感じる建物

1. タラの白子と車エビ、しめじをユズの器に盛り込んだ「柚子窯焼」。素材自体の持つぜいたくな味わいと、繊細さと華やかさを合わせもつ盛りつけが、目にも舌にもうれしい
2. 庭の見える掘りごたつの個室。夜は、基本的に完全個室制となっているので、周りを気にせずゆっくり時間を過ごすことができる。33人まで入れる大部屋も完備
3. マダイの頭を大胆にあしらった「真鯛の沢煮」は、上品なうま味がしみわたる
4. 金目ダイとウニの刺身。鮮度の高さと丁寧な調理からくる刺身の濃厚なうま味が、酒にもよく合う。酒は、倉敷の地酒や人気の日本酒、焼酎などを厳選してそろえている

店のおすすめ料理&酒

□昼のミニ懐石 2160円〜
□夜懐石 6480円〜
□穴子寿司（テイクアウトのみ）1620円
□鯖(さば)寿司(テイクアウトのみ)1620円
□獺祭 1620円〜 4320円

CARD 利用可
予約 当日予約可
喫煙 分煙
予算 夜 6480円〜、昼 2360円

DATA

住 倉敷市鶴形1-1-20
tel 086-441-2525
時 11：30 〜 15：00（LO14：00）、17：00 〜 22：00（LO21：00）
休 不定休
P なし
HP http://www.shinsuke.co.jp/
交 JR倉敷駅から徒歩7分

Staff 女将 山部久美子さん

お客さまにゆっくりくつろいでいただけるおもてなしを心がけています。誕生日や結納、記念日など、大切な日の食事にもぜひご利用ください。

絶景の江戸前寿司 仙太鮨《せんたすし》

倉敷市児島下の町

広がる一面の海。息のむ絶景に
うまさ際立つ繊細な寿司を堪能する

鮮度抜群の中からさらに厳選した８個セットは、メニューに載らない特々上寿司

階段をのぼるごとに見える海に感激

東京で昔ながらの江戸前寿司を修行した店主の難波さんが42年前に創業した寿司店。瀬戸内の海を一望できるカウンターでいただける寿司は、瀬戸内海を中心に全国から「自分の目で美味しさを確認した」ネタで握る極上の寿司だ。旬や時期にはこだわらず確実な「うまさ」だけを追求した丁寧な仕事は粋でいなせな江戸前である。そんなきっぷの良さと味わいとともに「お客様の好みを少しでも把握してお出ししたい」というおもてなしの気持ちも心にしみる。岡山名産のメニューもあり、県外からのお客様には児島産の地酒とともに岡山らしさも味わえる。２部屋あるカウンターは、どちらも瀬戸内の海に浮かんでいるような絶景が人気で、眼前の瀬戸大橋と、遠く四国まで見渡せる羨望のロケーションをひとり占めしながら、ゆったりいただきたい寿司がここにはある。

3

2

1

4

1. このだし巻き卵にほれ込んで東京の師匠に弟子入りしたという一品。懐かしい昔ながらの味はダシが効いてほんのり甘い。岡山店でもまったく同じ味で提供。場所や職人が代わっても味は変えないこだわりがここにもある

2. これだけの景観を見ながら寿司がいただける最高の幸せ。カウンターは昼夜を問わず人気なので、予約して楽しみたい

3. 人気メニューのカツオのたたき。身が厚く食べた感がしっかりあるのに、本当にクセがなくあっさりといただける

4. 名産地である下津井産の「タコのお造り」1200円。花が開くように細かくスライスされ、歯ごたえが良くしょうゆが絡みやすい。素材の味をもっとも大切にする姿勢があらわれている

店のおすすめ料理&酒

□店主おかませにぎり（12個）4350円

□会席お料理（寿司込み、11品）6480円

□冷酒　十八盛（児島産、300ml）1200円

CARD 利用可

予約 会席料理は1週間前までに要予約

喫煙 分煙

予算 夜5000円〜、昼1650円〜

DATA

住 倉敷市児島下の町2丁目1576-73
tel 086-473-6396
時 12:00～14:30、17:00～22:00
休 月曜日（祝日は翌火曜日）
P あり
交 JR児島駅からタクシーで約10分

Staff　調理スタッフ 河内卓観さん

江戸前の寿司を昔ながらの作り方で引き継いでいる店です。いつも感謝の気持ちで心からおもてなしいたします。景色とお食事を楽しんでください。

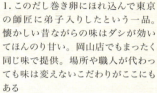

蔵Pura《くらぷーら》 和膳《わぜん》 風《ふう》

倉敷市阿知

風情ある庭園をめでながら
四季を感じさせる会席料理に舌鼓

会席「吟彩」6500円の料理の一例。名物の「返し寿司」やお造りなど、11品を楽しめる

倉敷の旧家ならではの情緒が漂う

大通りから少しはずれた、細い路地の一角にたたずむ店。明治時代に建てられた旧家の建物と庭園を利用しており、風情ある雰囲気にこれから過ごす食事の時間への期待が一層高まる。いただけるのは、山海の旬の食材を使った会席料理。繊細かつ鮮やかな料理からは、目からも舌からも季節感を感じられる。そして、こちらの看板メニューが「返し寿司」。一見すると錦糸卵のみの寿司。それをひっくり返すと、エビやシャコ、イクラなど、ネタが豊富に盛りつけられた豪華な姿が現れる。備前岡山の藩主・池田光政公が敷いた倹約令をかいくぐるべく密かに生まれた献立を現代風にアレンジしたもので、岡山でも食べられる店は数少ない。店内は、庭に面した部屋や座敷にテーブルを配した部屋など、様々なタイプの個室を完備。趣ある空間で、特別なひとときを過ごして。

3

2

1

4

1.「吟彩」につく八寸の一例。「シャコの酢みそ」や「鰆（さわら）の仙台味噌焼き」、「秋刀魚（さんま）のうま煮」など、魚介を中心とした様々な味わいが載った、色鮮やかな一皿
2. 庭に面した個室「風の間」。接待や誕生日のお祝いなど、様々な場面でゆったりとした時間を過ごせそう
3. 座敷にテーブルを配した大部屋の個室。24人まで利用可能。料理は、予算に応じて数種類の会席が用意されている
4. この店の名物「返し寿司」。一面に錦糸卵が敷き詰められた寿司をひっくり返すと、様々な素材を使った面（右ページ左写真）が現れる。近海のものをはじめ旬の魚介がふんだんに味わえる

店のおすすめ料理＆酒

□五寸七彩御膳（昼）1950円
□吟美（寿司付きランチ）2600円
□返し寿司 2100円
□ミニ会席 3800円～

CARD 利用可
予約 予約可能
喫煙 分煙
予算 夜 3800円～、昼 1950円～

DATA

住 倉敷市阿知3-18-18
tel 086-435-2211
時 11：30～14：30（LO14：00）、17：00～22：00（LO21：00）
休 水曜
P 8台
交 JR倉敷駅から徒歩10分

Staff 店主 森成 司さん

「返し寿司」は他ではあまり見られないこの店ならではのメニューです。四季折々の食材を駆使した彩り豊かな料理を味わいにきてください。

手前は「にぎりセット」1600円。仕入れによって内容は変更。この日は、店主が釣った太刀魚も

中々《なかなか》

倉敷市鶴形

定番ものこそ、どこよりもおいしく。ひと手間が決め手の、ここならではの味

細い路地にひっそりとたたずむ隠れ家的雰囲気の店。酒蔵の廃材を利用したテーブルや、店主自ら磨き上げた一枚板のカウンターが存在感を放ち、暖かな空間を作り出している。握りは、上等なネタがおいしいのは当然と、こちらでは「誰もが食べたことのある定番のものをどれだけおいしく食べてもらえるか」にこだわり抜いている。そのために、新鮮な素材を仕入れるのはもちろんのこと、たまごやシメサバといった手がかかるネタへのひと手間を惜しまない。握り以外のメニューにも繊細な手仕事と工夫を凝らしたものが多く、「ヒラの刺身」や「サンマの棒寿司」など、ほかでは滅多に出合えない味も楽しめる。また、酒は季節ごとにおすすめのものをそろえており、岡山・倉敷の酒蔵のものも。こちらならではの酒食をゆっくり堪能して。

味わい深い看板も店主の手によるもの

1

2

4

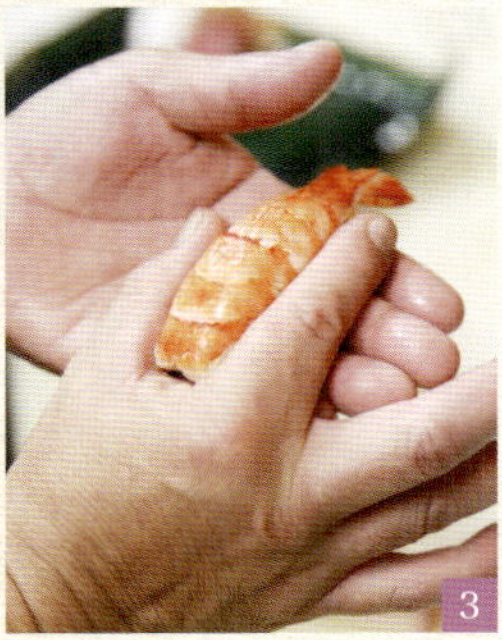
3

1.「ニシ貝のバター焼き」1000円。ほかにはあまりない貴重なメニュー。コリコリとした食感で、酒のさかなにもぴったり
2. テーブルは地元の酒蔵の廃材を利用したもの。個性的な形と重厚感が店内の雰囲気作りに一役買っている。
3.「エビやたまごといった誰でも食べたことがあるネタこそ、この店のおすすめです」と店主。一個ずつ心をこめて握っている
4. 写真奥「ヒラの刺身」840円は、小骨が多い身を薄く細く切っている、手間暇かけた一品。しっかりとした甘みが口に広がる。手前は、看板料理の「サンマの棒寿司」1000円。しめたサンマを炙っているのが特徴。濃厚なうま味と脂がくせになる

店のおすすめ料理&酒

□ノドグロの一夜干し 1300円～
□鰆（さわら）の刺身 900円～
□揚げ出し豆腐 580円
□馬刺 1300円
□獺祭（一合）800円

CARD 利用不可
予約 当日可
喫煙 喫煙
予算 夜4000円～

DATA

住 倉敷市鶴形2-1-11
tel 086-423-0128
時 17：30～AM2：00 ※24：00以降の入店は事前に問い合わせを
休 月曜
P なし
交 JR倉敷駅から徒歩10分

Staff　店主 中塚陽久さん

手の込んだものや、ここでしか味わえないものをそろえています。寿司屋ですが、一品や酒も豊富なので、居酒屋感覚で利用してください。

和の心 今川《いまがわ》

倉敷市阿知

店主の感性と伝統の技が作り出す 日本料理を白壁の町で堪能

夜の懐石では、器や花で季節の彩りをまとった華やかな全９品が並ぶ

千本格子が目を引く店構え

倉敷美観地区の玄関口に平成26年2月に開店。店主は京都の料亭で伝統的な日本料理を学んだ後、鳥取の老舗旅館で25年にわたり料理長を務めた、熟練の料理人だ。食材を見極める確かな目と巧みな技を持ち、感動すら覚える味わい深い料理を作り上げている。「全てが主役」と自信を持って提供する懐石料理は、瀬戸内や日本海の新鮮な旬魚をはじめ、素材本来のおいしさを活かした品がずらり。例えば、前菜に並ぶ富有柿の白和えは、あっさりしながらも時折口に広がる濃密な甘さがたまらない、箸が進む逸品だ。また店主オリジナルの「かぶら釜の煮込み」は、かぶを丸ごと豪快に煮込み、香りのよい野菜やうま味が濃厚な牛肉を詰め、ひと味違った趣向で楽しませてくれる。ひと口ごとにはっと目の覚める独創的な味わいは、店主のたぐいまれなる感性があってこそと実感。

3

2

1

1. 1階にはカウンター6席、テーブル席26席、2階には座敷16席がある。1階フロアの棚には店主の審美眼が選んだ器が並び、食事を待つ間に眺めるのも楽しい
2. 倉敷美観地区唯一の造り酒屋『森田酒造』から仕入れる「萬年雪　荒走り　未搾り原酒」(500mL) 2700円は、やや辛口で、鮮烈な香りと豊かな味わいが格別
3. カウンターは店主の見事な手仕事が間近で見られる特等席。鮮やかな包丁さばきや細やかな手仕事に、思わず見入ってしまう
4. 日本海から仕入れた甘みが濃厚な松葉ガニは、秋と冬には懐石の一品として酢のものなどに登場するほか、「かにづくしコース」2万5000円(要予約)でも満喫できる

4

店のおすすめ料理＆酒

- □美観御膳(ランチ) 1700円
- □和心会席 6000円～
- □時季の造里 800円～
- □一品料理 500円～
- □八海山　特別本醸造（グラス小）650円～

CARD 利用可
予約 懐石・コース料理は要予約
喫煙 昼は禁煙、夜は分煙
予算 夜6000円～、昼1700円～

DATA

住 倉敷市阿知2-22-17
tel 086-434-2557
時 11：30～14：00（LO13：30）、17：30～22：00（LO21：00）
休 火曜
P なし
HP http://www.wanokokoro-imagawa.com/
交 JR倉敷駅から徒歩5分

Staff　店主 今川照雄さん

日々心新たにお客様をお迎えし、日々出会いを大切にしております。その心と真の味を織り込んだ当店ならではのおもてなしをお楽しみください。

「おまかせ 10 貫」3780 円。この日は、アナゴやタコ、トロやウニなど。その日のおすすめを楽しめる

鮨《すし》 柳屋《やなぎや》

倉敷市児島下の町

水揚げされたばかりの新鮮な魚介。丁寧な仕事が光る、握りと一品の数々

住宅街の一角にたたずむ隠れ家的雰囲気の寿司店。しっとりとした雰囲気の店内には、座敷の個室とカウンターが。舌の肥えた年配のなじみも多く、夫婦での食事や接待などで幅広く利用されている。料理は素材の鮮度を何よりも大切にしており、魚介は毎朝下津井港から、タコは朝水揚げされたばかりのものを漁師から仕入れる。その日ごとに厳選した素材をそろえているので、握りはぜひ「おすすめで」とオーダーを。包丁の入れ方や火の通し方にもこだわったネタの一つひとつから、繊細な味わいとしっかりとした食感が感じられる。また、魚介を使った一品も見逃せない。中でも「煮魚そうめん」は、いけすからあげたばかりの魚を煮付けるから、ふっくらと弾ける身のおいしさがひと味違う。新鮮な魚介のもつ深い味わいをぜひ堪能して。

住宅街にある、和モダンな雰囲気の店

1

1.「フグの塩炙り」1296円～1512円。身が丸くなっているのは、鮮度が良いしるし。生きているものをさばいて炙るので食感がよく、上品な味わいが口いっぱいに広がる
2. 落ち着いた雰囲気の個室を2部屋完備。接待や家族での食事などでゆっくりくつろいで
3.「焼き白子の茶碗蒸し」864円と「あんきも」600円。焼き白子を茶碗蒸しにすると、皮まで柔らかくなってまろやかな口当たりに。しっかりとした味付けなので、酒のあてにもおすすめ
4. カウンターには緑豊かな景色が望める大きな窓があり、しっとりとした雰囲気を引き立てている。店主との会話を楽しみに訪れる人も多い

2

4

3

店のおすすめ料理＆酒

- □鰆（さわら）のたたき 1620円
- □煮魚そうめん 1296円～1620円
- □季節の天ぷら 864円～
- □季節の焼きもの 1080円～
- □越州朝日山（一合）648円～1296円

CARD 利用不可
予約 2日前までに予約が好ましい
喫煙 分煙
予算 夜4000円～、昼980円

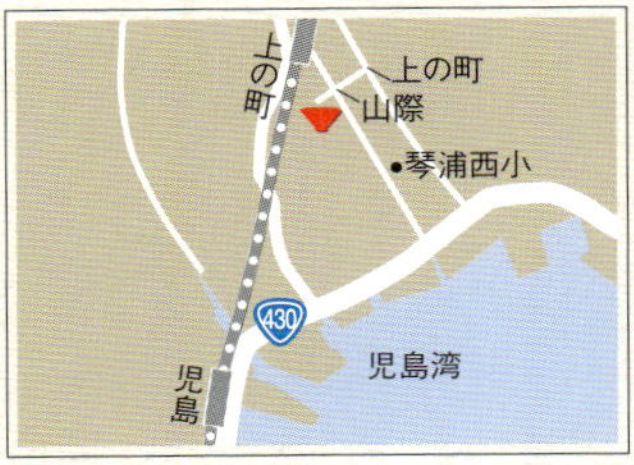

DATA

住 倉敷市児島下の町4-12-52-1
tel 086-474-0088
時 11：30～14：00（LO13：30）、17：00～22：00（LO21：30）
休 月曜、第3火曜
P 8台
交 JR上の町駅から徒歩10分

Staff 店主 内田 亮さん

旬の魚介を厳選して、素材の持ち味を引き出す調理を心がけています。活魚のおいしさをゆっくりと味わいたいときに、ぜひ訪れてください。

プリプリした歯ごたえの「生しゃこの刺身」(時価)。まろやかな甘みが口いっぱいに広がる

菊寿し《きくずし》

倉敷市阿知

通も喜ぶ納得のネタを大判振る舞い。大人を満足させてくれる貴重な一軒

舌の肥えた著名人らも来岡の際には足を運ぶ実力店。瀬戸内を中心に、新鮮な魚介を使った寿司が堪能できる。ネタは時価のため一見手を出しにくく感じるが、予算を伝えるとその中でおすすめのものを握ってくれるので、心置きなく満喫できる。扱う素材は、鮮魚、活魚、カニ、しゃこと、それぞれに店主が信頼を寄せる専門業者を通じ、自分の舌で納得したものを仕入れているため、味も鮮度もお墨付き。その最たるは、名物でもある寄島産「生しゃこの刺身」(時価)。くせのあるイメージが強い素材だが、くさみはまったくなく、驚くほど濃厚な甘さを楽しませてくれる。また管理の難しいマグロもいい状態を保てるよう心血を注ぎ、「トロ」1個972円と手頃な価格で提供。「良いものを味わってほしい」との店主の心意気がうれしい。

元町通を脇に入ると現れる閑静なたたずまい

1. 1階にはテーブル12席、カウンター14席、2階には40人まで収容できる座敷がある。カウンター前のケースにはその日のおすすめが並び、食欲をかき立てる
2. ウニやイクラ、数の子など、上質なネタが手頃に満喫できる「特上にぎり」2260円。これに一品料理を合わせて注文し、一献傾ける……、なんて気軽な使い方もいい
3. 酒のみで炊き、ふっくら柔らかに仕上げた「アナゴ」540円。「身が温かい方がよりおいしい」と、こちらでは温かい状態で提供される
4. 職人の手で一つひとつ丁寧に作られる味はもちろん、プライベートな時間を楽しめるよう心配りも行き届き、大人がくつろげる一軒だ

店のおすすめ料理＆酒

□上にぎり 1720円
□おまかせ料理 5400円～
□会席料理 5400円～（要予約）
□ふぐちりコース 1万800円～（要予約）
□もりた大吟醸（250mL）1836円

CARD 利用可
予約 ふぐちりコース、会席料理は要予約
喫煙 禁煙
予算 7000円～

DATA

住 倉敷市阿知3-20-29
tel 086-424-5494
時 17：00～AM1：00
休 月曜
P 2台
交 JR倉敷駅から徒歩7分

Staff 板前 岡本 透さん

JR倉敷駅からも近いので、お気軽にご利用くださいませ。スタッフ一同、心を込めておいしいお寿司を提供させていただきます！

すし割烹　松本《まつもと》

倉敷市下津井

ひと味違う鮮度の良さが料理の決め手。瀬戸内の魚介を様々な手法で味わう

タコとアナゴの握り。それぞれ生ダコとボイルダコ、生アナゴと煮アナゴがあるので、ぜひ食べくらべてみて

2014年に創業30年目を迎えた

昭和60（1985）年の創業。家族連れから仕事仲間との食事、観光客にまで、児島の地で親しまれている寿司店。地元の魚介を使うことにこだわり、タコやアナゴ、サワラやトラフグなど、季節ごとの旬の魚介を握りや一品で楽しめる。様々なルートから新鮮な魚介を仕入れており、時には下津井港で水揚げされたばかりのものを漁師から直接譲り受けることも。下津井港近くという地の利である。店内にはいけすがあり、注文を受けてからさばくこともできるので、他にはあまりないカワハギやアナゴの刺身もオーダー可能。カワハギは身の上品な味わいと肝しょう油のまろやかさとがバランスよく、アナゴはしっかりとした甘みと歯ごたえの良さがたまらない。また、「タコの土手鍋」や「穴子の柳川風鍋」といったオリジナルのメニューも。なじみのある瀬戸内の魚介の、新たな魅力に巡り合えそう。

1.「アナゴの刺身」1404円。水揚げされたばかりのものを、すぐに生け簀に入れて注文後にさばくからこそ味わえるメニュー。噛むごとにしっかりとした甘みが染み出てくる
2. 店の奥にはたくさんの魚が入ったいけすが。カウンター越しにその日の仕入れやおすすめの食べ方を聞いてオーダーするのも楽しみ
3. 小上がりの座敷もあるので、家族や仲間との食事でもゆっくり過ごせそう
4. オリジナルの「タコの土手鍋」1404円。真ダコやエノキなどに甘めの合わせ味噌を加えて煮込んだ、こちらの看板メニュー。ほかにも、魚介を使った一品が豊富なので、いろいろな味を楽しんで

店のおすすめ料理&酒

□地もの握り盛り合わせ（8貫）1296円
□穴子柳川風鍋 1404円
□煮付け 1620円～
□タコの唐揚げ 1404円
□焼酎（一杯）324円

CARD 利用不可
予約 当日予約可
喫煙 喫煙
予算 夜3500円～、昼750円～

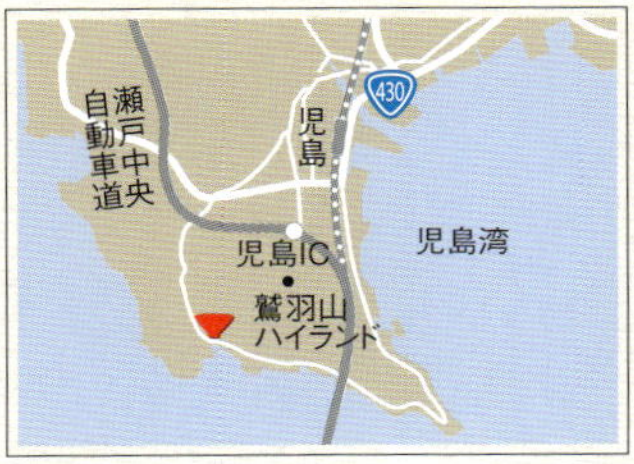

DATA

住 倉敷市下津井3-1838-1
tel 086-479-9688
時 11：00～14：00（LO13：30）、17：00～22：00（LO21：30）
休 火曜
P 10台
交 児島駅からバス15分「下津井港前」バス停下車、徒歩3分

Staff 店主 松本真一さん

下津井港からほど近く、水揚げされたばかりの新鮮な魚介をそろえています。好きな魚や調理法を教えてください。注文に応じてお作りします。

Staff

[編集・制作]
株式会社ワード
岡山市北区中山下 1-11-15 新田第一ビル 2F
http://word-inc.com

[取材・執筆]
三宅耕介・中澤多香・中西幸子・太田裕子
森昌史・井手口陽子・山田真由美・磯本歌見

[デザイン・DTP]
井上千恵子、守安涼、岸本太（LEAD）

岡山・倉敷　上等な和食

2015年2月25日　第1版・第1刷発行

著　者　Word inc.（わーど いんく）
発行者　メイツ出版株式会社
代表　前田信二
〒102-0093 東京都千代田区平河町一丁目1-8
TEL：03-5276-3050（編集・営業）
03-5276-3052（注文専用）
FAX：03-5276-3105
印　刷　三松堂株式会社

 ISBN978-4-7804-1544-5 C2026 Printed in Japan.

メイツ出版ホームページアドレス http://www.mates-publishing.co.jp/
編集長：大羽孝志　企画担当：折居かおる　制作担当：千代　寧